무하유지향에서 들려오는 메아리

☒

장자

나의 고전 읽기 22

무하유지향에서 들려오는 메아리

장자

김시천 지음

MiraeN 아이세움

── 일러두기

1. 『장자』 원문의 인용은 안병주·전호근이 펴낸 『역주 장자』(전통문화연구회)를 기본으로
   하되 필요에 따라 저자가 수정하였음을 밝힙니다.
2. 본문 중에 씨을은 씨알로 고쳐 표기하였습니다.

신기하고 놀라운 이야기책『장자』

세상에는 참으로 재미난 일이 수없이 일어납니다. TV만 켜도 지구촌 곳곳에서 일어나는 일들이 한눈에 들어옵니다. 기적 같은 일도 있고, 아름다운 일도 있고, 심지어 끔찍한 사건들도 자주 보입니다. 그런데 우리 자신의 삶은 지루하고 따분하게 반복되고 있습니다. 아침부터 저녁까지 어른들은 직장에서, 아이들은 학교에서 정해진 일과 주어진 일을 해내느라 허덕입니다. 지루하면서 바쁜 삶, 그것이 우리의 일상인 듯합니다.

그런데 TV도 없고, 자동차나 KTX도 없던 아주 오랜 옛날, 태어나 죽을 때까지 한 마을을 벗어날 일 없이 살던 적이 있었습니다. 전쟁이 나거나 먼 곳에 성곽을 세우거나 커다란 저수지를 만들어야 하는 일 이외에는 자신의 고향을 떠날 일이 없던 시절이었습니다. 그 시절에 어느 날 갑자기 시커먼 연기와 굉음을 내면서 커다란 비행기나 기차가 마을에 나타났다고 상상해 보세요. 아마 사람들은 눈이 휘둥그레지며 놀라거나 숨어 버렸을 것입니다.

북쪽 깊은 바다에 살고 있던 엄청난 크기의 물고기 '곤鯤'이 어느 날 커다란 붕새(鵬)로 변해 남쪽으로 날아간다는 이야기는, 달나라에까지 우주선을 띄운 현대인에겐 그다지 매력 있는 이야기가 아닐지 모릅니다. 하지만 아주 먼 옛날, 산골에 살던 아이나 소박한 삶을 사는 사람에게는 놀랍고 신기한 이야기로 들렸을 것입니다. 그래서 『장자』를 아는 사람들은 늘 '신기하고 놀라운'이란 말로 표현하곤 했습니다.

그런데 '신기하고 놀라운' 『장자』가 어느 사이엔가 '어렵고 재미없는' 책이 된 듯합니다. 왜 그런 것일까요? 아마도 『장자』에 나오는 이야기보다 더 신기하고 놀라운 일들을 보여 주는 TV와 영화가 있기 때문 아닐까요? 또 『장자』를 이야기책으로 읽기보다 철학이나 사상으로 읽기 때문에 그런 것은 아닐까요? 소요逍遙나 제물齊物이라는 말은 널리 알려져 있지만 그것이 내 삶과는 무관하다고 생각하기 때문에 그런 것은 아닐까요?

물론 최첨단 과학의 시대를 살아가는 현대인에게 『장자』가 다시 신기하고 놀라운 이야기로 느껴지기를 바라는 것은 욕심일 것입니다. 하지만 우리들의 삶과 거리가 멀기 때문에 무관심하다면, 그것도 꼭 맞는 이야기는 아닌 듯합니다. 우리 주변에 신기하고 놀라운 일이 가득해도 우리들 개개인은 언제나 일과 공부에 매여 시간에 쫓기듯이 살아가고 있기 때문입니다. 그렇게 본다면 『장자』는 우리의 삶보다는 훨씬 흥미진진한 이야기로 가득합니다.

이 책은 『장자』를 무겁고 딱딱한 철학책으로 읽기보다 삶의 이야기로 읽는 방법을 소개합니다. 과거에 『장자』나 그에 관한 책을 읽으려고 펴 들었다가 그 난해함과 어려움으로 인해 덮은 경험이 있다면, 다시 그 책을 펴 들고 읽을 수 있도록 길잡이가 되고자 합니다. 어렵고 딱딱하게 느껴지는 철학이나 사상에 관한 책으로서 『장자』를 만나기보다 장주莊周라는 사람의 삶의 이야기에, 또 『장자』를 통해 다양한 이야기를 만들어 냈던 사람들의 이야기에 초점을 두고 있기 때문입니다.

이 책에서는 어려운 '도道'나 '덕德' 같은 개념을 설명하는 데 치중하지 않았습니다. 그보다 『장자』의 지은이로 알려진 장주라는 사람의 삶을 더 많이 담았습니다. 또 20세기 중국의 문인 루쉰이 창조한 인물 '아Q'가 바로 장자와 닮은 사람이라는 재미난 이야기도 소개합니다. 그리고 우리가 알고 있는 '노자'와 '장자'는 사실상 지금으로부터 몇십 년 전에 함석헌과 같은 사상가가 만들어 낸 상식에서 비롯된다는 이야기도 하였습니다. 그런 의미에서 이 책은 『장자』에 관한 이야기책으로 읽혀졌으면 하는 바람을 가져 봅니다.

참으로 많은 시간이 흘렀습니다. 원고를 차일피일 미루고 미룬 세월이 너무나 두텁고 길었습니다. 그 오랜 시간을 기다려 준 출판사의 인내에 값할 정도로, 보다 쉽고 훌륭한 책이 되지는 못한 듯해 아쉽습니다. 그럼에도 이 책이 『장자』에 대해 '철학적 해석'을 시도해 온 기존의 책들과 다르다는 점은 자신할 수 있습니다.

어려운 철학책이기에 앞서 누구나 이해할 수 있는 『장자』에 대한 소개서로서, '나의 고전 읽기'라는 시리즈 이름에 걸맞는 책으로서 어느 정도 역할을 한다면 더 바랄 것이 없겠습니다. 처음 이 책을 쓰기로 결심한 까닭은, 내 아이에게도 읽힐 수 있는 책을 써야겠다는 욕심 때문이었습니다. 하지만 아이가 이 책을 읽으려면 조금 더 기다려야 할 듯합니다.

갑자기 장자 선생의 인사말이 떠오릅니다.

"벗들이여, 강호江湖에서 잘 지내시기를!"

2015년

김시천 씁니다

차 례

우리 시대 장자의 초상

몇년 전 철학과 전공 강의로 '노장사상'을 강의할 때의 일이다. 대체로 다른 전공 강의는 열서너 명이 수강을 하는데, '노장' 강의는 거의 그 두 배의 학생들이 수강한다. 철학과 학생이 아닌 다른 과 학생들의 수강도 많은 편이다. 그 이유가 궁금했다.

"왜 이 강의에 들어왔죠?"

하고 물었더니 철학을 전공한 4학년 학생이 전혀 주저함 없이 대꾸했다.

"혹시나 마음의 위안을 얻을 수 있지 않을까 해서요!"

거리낌 없는 그 대답에 난 순간 망연자실했지만 '마음의 위안'이란 표현만큼 '노장'에 대한 사람들의 관심을 잘 보여 주는 말도 없지 않을까!

사람들은 '노장'에 관심이 많다고들 한다. 이곳저곳에서 열리는 '인문학' 강좌 가운데 노장 강좌에는 비교적 많은 사람들이 온다. 마찬가지로 대학에서도 유학과 관련된 강의보다 노장 강의에 수강생이 더 많은 편이다. 어떻게 이런 현상이 가능한 것일까? 그것은 '노장'에 '모든 것'이 들어 있다고 사람들이 믿기 때문이다. 『노자』는 종교 문헌이기도 하고, 철학 문헌이기도 하고, 페미니스트가 애호하는 문헌이며, 심지어 과학사가나 과학철학자들에게도 매력 있는 문헌이다. 다른 말로 하면 '노장'에는 없는 게 없다. 그래서 '노장'은 만병통치약처럼 읽힌다.

그러나 이렇게 각광 받는 '노장'도 지금부터 100년 전으로만 거슬러 올라가도 결코 유쾌하지 않은 규정에 속박당해 있었다. 바로 '이단'이라는 금기의 규정이다. 조선조 내내 『노자』나 『장자』는 '태워 버려야 할 책', '읽지 말아야 할 책', 그리고 '최고의 경지에 오른 유학자들만이 읽을 수 있는 책'이었다. 그래서 조선 유학자 가운데 최초의 주석서를 낸 이이李珥의 『순언醇言』부터 대개의 모든 『노자』, 『장자』 주석서들은 그들의 문집에서 제외되었다. 읽었지만 읽지 않은 책, 썼지만 쓰지 않은 책인 것이다. 이 단순한 사실을 사람들은 그다지 거론하지 않는다.

'이단'이었던 책이 이른바 '근대'와 조우하면서 그 운명은 기이하게 뒤바뀐다. 사회를 지탱하는 강고한 이념이었던 유학이 붕괴하면서, 봉건과 전근대라는 죄명으로 유교 전통은 커다란 비판을 받았다. 그 사이 슬그머니 노자나 장자는 철학과 종교라는 이름으로, 그에 더하여 과학이라는 눈으로 새롭게 조명되기 시작했다. 말하자면 '이단'의 금서가 '전통'의 이름으로 부활한 것이다. 더욱이 노자나

••• 노자　　　　　　　••• 장자

장자는 유학의 비판자로서 '근대'의 단죄를 받지 않았다. 『노자』나
『장자』는 이른바 '오래된 미래'로, '포스트모던'으로 통하는 '전통'
이 되었던 것이다.

　사람들이 노자나 장자에 열광하는 현상에는 분명 이유가 있다.
노자와 장자 해석의 전통에는 '합의된 해석' 체계가 없다. 좋게 말
하면 해석의 자율성이 보장되었던 텍스트이고, 나쁘게 말하면 코에
걸면 코걸이, 귀에 걸면 귀걸이 식의 해석이 많았던 것이다. 이단의
책이었기에 거기에 어떤 중요한 의미나 가치가 있다는 생각이 드물
어서였을까? 아니면 무엇이었을까? 이러한 궁금증을 해소시켜 준

대답이 바로 철학과 4학년 학생의 명답이었다. '마음의 위안을 얻지 않을까 해서'인 것이다.

19세기 말에서 20세기 초에 유럽이나 미국으로 유학을 떠났던 동아시아의 지식인들에게 노자나 장자는 "당신들에게는 어떤 철학, 어떤 형이상학이 있는가?"라는 질문에 답변하기에 적절한 '깜'이었다. "모든 존재는 비존재로부터 생겨난다(有生於無)."는 장자의 명제는, 무너져 가는 근대의 논리적 세계관에 대적할 만한 동아시아의 '신묘한' 형이상학이었고, "도를 도라 말하면 그것은 영원한 도가 아니다."라는 언명은, 서구적 논리를 뒤집는 동양의 지혜가 되었다. 이러한 언명들의 역사적 배경은 그다지 중요하지 않았다. 중요한 것은 우리들에게도 너희들이 말하는 고원한 형이상학과 존재론, 언어철학이 '있었다'는 위안이 중요했다.

이러한 '있었다'의 위안은 오늘날에도 크게 다르지 않다. 물론 노자나 장자를 전공한 학자들에게서 이런 논리는 이미 90년대에 사라졌지만, 20세기 초반부터 '있었다'의 논리가 양산한 갖가지 해석과 새로운 사조들은 여전히 굳건한 상식으로 자리 잡고 있다.

그러한 해석 가운데에는 당연히 의미 있는 담론도 있다. 씨알 함석헌의 노장 이해는 그 대표적인 성과라 할 수 있다. 함석헌은 노장의 '무위자연'을 독재에 대한 비판과 저항의 논리, 생태계 파괴에 대한 비판과 자연 보전의 대안으로 제시했던 것이다. 20세기 말에 도올 김용옥이 공중파를 타고 '노자와 21세기'를 강의할 수 있던 배경에는, 함석헌으로 대표되는 우리 사회의 면면한 공감의 기반이 있었다.

1990년대가 되자 '노장' 사상은 이른바 포스트모더니즘의 물결 속에서 새로운 조류로 탈바꿈하기도 했다. 유교를 비판하고 풍자하는『노자』와『장자』의 여러 이야기들이, 서구 현대 철학의 근대 비판, 주체 비판과 유사한 방식으로 재생산된 것이다. 더불어 새롭게 등장한 갖가지 비판 담론들이 모두 '노장'과 통한다고 말하기 시작했다. 그래서『노자』와『장자』는 고대의 페미니스트 이론가이자 환경 담론의 원조가 되었고, 철학적으로는 해체론자가 되었다. 우리에게도 그런 것이 '있었다'의 논리가 다시 한번 부활한 것이다.

이제 우리는 이런 물음을 던져 봐야 하지 않을까?

"그래 있었다! 그러나 그래서 어쨌다는 말이냐?"라고.

오히려 나는 '노장'의 인기와 유행 속에서 공유되는, 그러나 목소리로 발출되지 않는 새로운 사회현상을 발견한다.『노자』와『장자』는 기이한 논리, 냉소적인 비판의 논리는 가득하지만, 도대체 우리가 어떠한 사회, 어떠한 공동체 속에서 서로의 삶을 이끌어야 하는가에 대해서는 침묵한다. 오로지 거기에는 "오래오래 사는 법(長生久視之道)"의 비법만이 있을 뿐이다. 그것은 현대적인 말로 하면 '개인화'의 경향이다. 규범도 싫고, 간섭도 싫은 개인화, 어쩌면 '노장'의 유행 이면에 담긴 현실은 우리네 삶의 '고립된 개인주의화'의 징표가 아닐까 싶어 두렵다.

철학이나 사상이 위안을 준다는 것이 무의미한 일은 아니다. 어떤 책이나 사상에서 감동을 받고 그로부터 삶의 활력을 찾는다면 그것 또한 커다란 일일 것이다. 하지만 이 책은 이러한 개인적 차원의 위안을 구하는 어떤 사상을 찾기보다, 우리 삶의 표현으로서 『장자』가 우리에게 어떤 것인가를 살펴본다.

무하유지향에서 들려오는 메아리

고전을 읽는다는 것은 곧 우리들의 삶을 읽는 것이며, 그렇게 읽힌 고전은 곧 우리 삶의 표현이다. 장자가 제시한 이상향 '무하유지향無何有之鄕'은 '어디에도(何) 있지(有) 않은(無) 마을(鄕)'로 '유토피아utopia'의 뜻도 되고, 인간의 삶을 속박하는 '어떤 것도(何) 있지(有) 않은(無) 마을(鄕)'도 된다.

장자의 사상은 전국시대라는 삶의 공간에서 한 지식인이 꿈꾸었던 삶의 이야기에 다름 아니다. 그리고 그의 삶을 기록하고 그 삶을 통해 『장자』의 사상을 읽고 해석한 것 또한 그 시대의 감성이나 삶의 방향과 관련을 맺는다. 따라서 『장자』라는 책은 한 사상가의 확정된 사상을 담은 책이 아니라, 아득한 옛날, 장자라는 인물이 어딘지 모르는 무하유지향에서 외친 삶의 목소리를 담은 책이다. 그 목소리는 수많은 시대 수많은 사람들의 삶의 골짜기를 지나며 다양한 메아리로 울려 나온다.

이 책은 아득한 무하유지향에서 울려 나오는 그 다양한 메아리에

귀기울이는 작업의 산물이다. 그것은 곧 우리가 알아듣는 메아리를 찾는 작업으로 우리들 삶의 이야기와 닿아 있다. 때문에 『무하유지향에서 들려오는 메아리 장자』는 기존에 출간된 『장자』 연구서나 해설서와 다른 특징들이 있다.

먼저 1장에서는 다양한 장자 이야기의 밑그림을 보여 주고, 2장에서는 '장자'라는 인물의 역사적 의미와 『장자』라는 책의 성격을 다양한 각도에서 조명한다. 『장자』의 지은이로 일컬어지는 '장주'에 대한 전통적인 서술과 『장자』의 구성을 여러 연구에 바탕하여 소개한다.

3장과 4장에서는 사마천의 『사기』와 『장자』에 등장하는 장주의 일화를 통해, 당시를 살았던 지식인의 고뇌가 반영된 삶의 전형을 분석한다. 그리고 현대 중국의 지식인들이 장주라는 전통 속의 인물을 20세기 삶의 공간에서 어떤 방식으로 전용하는지를 서술한다. 우리는 놀랍게도 그러한 이야기의 숲에서 호쾌한 문명 비판자로서의 장자를 만나는 대신 '아Q'라는 엉뚱한 인물과 만나게 될 것이다.

5장과 6장에서는 『장자』라는 책 속에 담긴 다양한 사상적 결들을 짚어 본다. 기존의 책들에서 제시한 개념 중심의 설명과는 다른 이야기의 세계로 안내한다. 도道와 덕德, 무위無爲와 자연自然이 어떤 철학적 개념인지를 소개하는 대신, 삶에 대한 이야기로서 『장자』를 읽는다.

마지막으로 7, 8장에서는 중국 대륙에서 이루어진 『장자』 이해를 염두에 두면서 한반도로 건너온 『장자』에 관한 이야기를 다룬다. 19세기 말 이래 '철학'과 '종교'라는 새로운 학문적 구분이 들어서면서 바뀌게 된 『장자』 이해, 그리고 조선시대 유학자들이 읽었던 『장자』와 20세기 후반 한국에서 이루어진 『장자』 읽기의 맥락을 나름 짚어 보고자 했다. 그 속에서 개인적 위안을 찾는 목소리도 볼 수 있지만, 사회적이고 정치적인 삶과 긴장을 표현한 이야기도 들어 볼 수 있다.

필자는 이미 『노자의 칼 장자의 방패』라는 책을 통해 우리 시대에 '노자'와 '장자'가 어떤 의미를 갖는지를 역사적으로 조명한 바 있다. 『노자의 칼 장자의 방패』가 주로 전통적 삶에서 갖는 의미를 연구한 책이라면, 이 책 『무하유지향에서 들려오는 메아리 장자』는 우리의 삶과 맞닿는 보다 넓은 차원에서 접근한다. 따라서 앞의 책이 전문적이고 학술적이라면 이 책은 훨씬 상식적이고 대중적인 성격을 지닌다. 『장자』를 통해 우리들의 삶을 이야기하기 때문이다.

『장자』에는 우리의 삶을 새로이 보게 만드는 놀라운 생각의 벼리들이 곳곳에 숨어 있다. 게다가 『장자』는 어느 한 가지 방식으로 읽혀 온 것이 아니라 시대마다 장소마다 다르게 읽혀지고 이야기되면서, 오히려 각각의 시대와 삶을 드러내는 하나의 매개가 되기도 했다.

우리는 그러한 해석의 이야기를 통해, 오늘날 함께하게 될 『장자』에 대한 우리의 상식을 상상해 볼 수 있다. 이미 몇십 년 전에 씨알 함석헌이 그랬듯이, 과거의 『장자』 읽기를 디딤돌 삼아 새롭게 '고쳐 읽기'를 할 수 있을 것이다.

1
우리들의 장자 이야기
― 슬픈 장자, 유쾌한 장자

'장자' 하면
떠오르는 것들

21세기를 살아가는 한국인에게 흔히 '장자' 하면 떠오르는 것은 무엇일까? 아마도 중학교나 고등학교 교과서에 소개된 '무위자연無爲自然'이란 말은 아닐까? 이런 교과서적인 상식에 따르면 장자는, 인위적이고 작위적인 '유위有爲'와 문명을 추구하는 유가儒家와 다른 도가道家의 사상가로 알려져 있다. 유가의 인위와 자연스럽지 못한 삶으로부터 벗어나 탈속적이고 자연스러운 '무위無爲'의 삶을 추구하는 것이 도가의 '무위자연' 사상인데, 『장자』는 『노자』와 더불어 그 도가 사상을 대표하는 문헌이다. 사람들은 장자를 노자와 함께 '노장老莊'이라 부르기도 한다.

물론 이런 상식이 한국인에게만 독특한 것은 아니며, 세계적으로 통용되는 상식임에는 틀림이 없다. 하지만 동양철학에 관한 책을 조금이라도 읽어 본 사람들은 보다 구체적인 용어, 보다 다양한 말과 생각 들을 떠올릴 것이다. 아마도 유유자적한 자유의 의미로 소개되는 '소요逍遙'와 평등의 의미로 이해되는 '제물齊物' 등일 것이다. 조금 더 깊이 살펴보면, 장자와 관련하여 나오는 용어들의 폭과 넓이는 매우 다양하다. 이를 확인하기 위해 20세기에 쓰여진 장자 관련 책들에 나오는 용어들을 추려 보았다. 아마도 상당수가 등장하는 말들의 다양성에 놀랄 수도 있겠다.

장자 하면 가장 먼저 떠오르는 것을 아래의 정리된 용어들에서 세 개 혹은 다섯 개 정도 골라 보자. 결과는 어떠한가?

반문명	아나키즘	객관적 관념론
자연주의	허무주의	마키아벨리즘 과학기술
소피스트		
해방 예술	진보	유물론 봉건 토지 소유 계급
페미니즘	소요	
진인眞人	무정無情	주관적 관념론
푸코	제물	노예 소유주
도교	개인	궤변
자유	소극성	교활한 철학
평등	해체	아Q정신
씨알 함석헌	비관주의	보수 반동

●●●
장자와 관련된 용어들.

한국인이라면 대체로 이 가운데에서 반문명, 자연주의, 예술, 소요, 진인, 소극성, 아나키즘과 같은 단어들을 익숙한 것으로 고르지 않았을까? 이제 한 단계 더 나아가, 여러분이 고른 단어들을 연결해 보자. 아마도 여러분이 고른 단어들은 사각형 전체에서 주로 왼쪽 윗부분에 집중되어 있을 것이다.

그런데 이런 식으로 장자를 이해하고 있는 경우, 오른쪽 아랫부분은 상당히 의아하다고 생각할 수 있다. 그나마 장자의 사상을 '궤변'이라고 말하거나 현대 프랑스의 철학자 자크 데리다의 '해체'와 같은 말로 표현하는 것은 장자에 관한 책을 읽은 독자라면 어느 정도 친숙할 수도 있다. 하지만 '교활한 철학'이나 '아Q'와 같은 표현은 그다지 생각해 보지 못한 장자 관련 단어일 것이다.

다른 한편 '자유'나 '평등'이란 말에는 익숙함을 느끼지만, 그 가까이에 나오는 '씨알'이나 '함석헌'이란 이름에는 친숙한 독자도 있을 테고, 생소한 독자도 있을 것이다. 아마 이런 연관성을 생소해하는 사람도 도올 김용옥을 말하면 대번에 익숙하게 생각할 것이다. 하지만 함석헌과 김용옥의 관계가 어떤 것인지는 거의 생각이 미치지 못할 것이다.

나는 오히려 이런 생소함이 이상하게 생각된다. 왜냐하면 함석헌은 20세기 한국에서 장자 사상에 대한 현대적 해석을 가장 먼저 창조적으로 해낸 사람 가운데 하나이기 때문이다. 몇년 전 함석헌의 '노장' 해석에 관한 논문을 쓰면서 그 제목을 「상식의 창조」라고 했다. 함석헌의 『노자』와 『장자』 해석이 그 당시에는 획기적인 것이었기 때문이다. 물론 21세기 우리들에게는 그런 창조적 해석이 너무 당연한 상식이 되었지만.

함석헌을 통해 앞의 용어들에서 가장 중심적인 키워드를 뽑는다면 '자유'와 '평등'일 수 있다. 함석헌은 고전을 통해 민족과 씨알(민중)이 살 수 있는 길을 모색한 사상가로서, 당시의 권위주의적인 정치 현실에서 자유와 평등을 매우 중요한 삶의 가치로 내세웠다. 그럼에도 불구하고 오늘날 우리가 읽고 있는 노장에서는 그것이 있는가, 없다면 왜 그럴까?

그에 비하면 오늘날 우리가 『장자』를 통해 듣게 되는 이야기는 '정신적 자유'이다. 내 몸과 영혼의 삶과 행위의 자유, 권리가 아니라 마음으로만 자유를 추구하는 것으로 바뀐 것이다. 어쩌면 이러한 상황은 한국인의 물질적 조건이 개선되고, 정치적 민주화가 상당히 진전된 상황을 반영하는 것이기도 하지만, 다른 한편에는 현실에 대한 무관심과 비관이 배어 있다고 볼 수도 있다. 같은 고전이라 해도, 시대의 변화가 급격한 사회에서는 그 해석도 급변하기 마련이다.

현대 중국의 장자,
지킬 박사와 하이드?

다시 장자와 관련된 단어들을 나열한 앞의 표로 돌아가 보자. 한국 사람의 경우 오른편에 위치한 '객관적 관념론'과 '주관적 관념론'이란 말을 들어 보았을 수도 있고, 그렇지 않을 수도 있다. 하지만 '노예 소유주'라는 말은 이것이 왜 『장자』와 관련된 단어일까 의아해하는 사람이 많을 것이다. 그렇지만 중국이 사회주의 국가가 된 1949년 이후 이러한 단어들은 매우 상식적인 『장자』 이해의 틀이었다.

1930년대 중국에서는 고대 중국의 사회적 성격이 어떤 것이었는가를 놓고 커다란 논쟁이 있었다. '사회사 논전' 혹은 '사회 성격 논쟁'이라 불리는 것이다. 마르크스주의를 받아들인 역사가들은 중국의 역사가 어떤 경로를 거쳐 발전해 왔는지를 둘러싸고 커다란 논쟁을 벌였다. 시대의 성격을 정하는 것은 여기서 매우 중요한 일이었다. 역사란 서로 대립하는 계급이 투쟁하면서 발전하는 것인데, 사상가는 이러한 계급의 이념을 드러내는 사람들이기 때문이다.

예컨대 한 사상가의 성격은 어느 특정 계급에로 귀속되어야 한다. 중요한 것은 그 사상가가 어떠한 계급의 이데올로기를 대표하는가였다. 장자와 연관하여 역사가들이 내린 평가는, 고대 노예제사회가 망해 가던 시기의 사상이라는 것이다. 즉 공자는 노예 소유주 계급이 몰락해 가는 시점에 등장했고, 장자는 이미 몰락한 이후에 등장했다는 것이다. 이미 고대사회는 망했지만 장자와 같이 정신적으로는 아직 노예 소유주 개념을 갖고 있던 사람이 말한 것이 장자 사상이라는 것이다.

오늘날, 이런 식의 도식적인 평가는 매우 조악해 보이지만, 1930, 40년대를 거쳐 중국에 사회주의 혁명이 물결치던 시기에는 엄청나게 중요한 의미를 갖는 논쟁이자 평가였다. 하지만 이런 식의 도식적인 평가가 장자 사상의 특징을 규정하는 의미 있는 해석이 되지는 않았던 듯하다. 마치 지킬 박사와 하이드 씨가 한 사람이면서 두 인격을 가진 것처럼, 장자는 서로 모순되기까지 한 다양한 성격의 사상으로 규정되었고, 또 그에 따라 찬양과 비판을 받았다.

20세기 장자의 모습 가운데 가장 주목할 만한 것은 '아Q'일 것이다. 20세기 중국에서 장자의 실질적인 의미는 '아Q 정신'이란 말에서 찾을 수 있다. 아마도 한국의 독자들에게는 대단히 낯선 것이며, 대개의 경우 들어 본 적조차 없는 이야기일 수 있다. 실제로『장자』

와 관련된 한국 학자의 논문에서 아Q와 관련지은 내용은 한 번도 본 적이 없다. 하지만 중국에서 장자와 아Q는 상당한 상관관계가 있다.

20세기 중국에서 가장 존경 받는 소설가 루쉰이 지은 「아Q정전」은 1921년 처음 발표되었다. 서양과 일본에게 늘 패배하면서도 스스로는 언제나 승리한 것처럼 자위하는 중국인들의 얄궂은 태도를 비판한 소설이다. 늘 동네 양아치들에게 놀림 받고 매맞고 따돌림 당하면서 스스로는 위대한 척하는 아큐, 그런 아큐를 통해 19, 20세기 중국의 역사와 중국인의 위선적인 모습을 격렬하게 고발한다. 그래서 중국 사회에서 '아큐적' 혹은 '아큐주의'라고 말하면 그것은 봉건적이고 퇴폐적이며 비관적, 기회주의적이라는 안 좋은 의미를 가졌다.

그런데 이 아큐주의는 1950, 60년대에 다시 중국의 자유주의 지식인들을 비판하면서 등장하기도 했다. 이때 '아큐주의'는 장자 사상과 연결되었는데, 펑유란 같은 학자가 대표적으로 비판받아야 할 자유주의자이자 반혁명 세력으로 지목되었다. 물론 또 다른 입장에서 장자를 비난한 사람들도 있었다. 궈모뤄 같은 역사학자는 장자의 사상이 교활하며 궤변에 지나지 않는다고 비난했다.

『장자』를 아큐주의와 연관지어 설명하는 것은 그 이후에도 지속되어, 1980년대 중국의 유명한 『장자』 연구자인 류 샤오간조차 "장자 철학 속에는 비관주의적이고 아큐주의적인 요소가 분명히 있다."

는 언급을 했다. 이러한 아큐와 장자의 연관은 최근에 다시 전통적 해석이 부활하면서 이미 옛것으로 되었다. 사실 이는 상당히 놀라운 변화이며, 중국이 자유화되어 가고 있음을 보여 주는 증거라 할 수 있다.

『장자』에 대한 해석이 아큐주의 하나만 있었던 것은 아니다. 어떤 사람들은 『장자』를 통해 '진보'를 말하기도 했고, 또 어떤 사람들은 '유물론'을 말하기도 했다. 관펑이 장자를 아큐정신이라며 강력하게 비판했다면, 르언지위는 노자와 장자가 '기氣'를 말했다는 점 때문에, 장자가 유물론 사상가라고 추켜세우기도 했다. 사회주의 이념을 채택한 중국 사회에서 유물론자라는 평가는 매우 긍정적이고 중요한 의미를 갖는 말이었다. 마르크스주의 사상을 기반으로 혁명을 정당화한 그들에게 혁명의 정당성은 유물론이란 철학 전통에서 찾을 수 있었기 때문이다.

현대 한국의
'노장' 이해

　　　　20세기 중국의 장자 이해가 주로 아Q와 관련된 것이
주된 특징이라면, 한국의 경우는 어떠할까? 아마도 '노장사상老莊思
想'이라는 틀에서 장자의 사상을 이해하는 것이 한국인이 지닌 장자
이해의 특징이라 말해도 잘못된 것은 아닐 것이다. 앞에서 보듯이
많은 이들이 장자 하면 떠올리는 것은 왼쪽 윗부분에 몰려 있다. 이
것은 '노장' 전통의 시각에서 『장자』를 이해하고 있음을 보여 준다.
오늘날 학자들은 '노장' 전통이란 말을 『노자』와 『장자』에 들어 있
는 사상을 가리키는 것으로 이해하지 않고, 『노자』와 『장자』를 이해
하는 하나의 관점으로 받아들인다. 이러한 노장 전통의 가장 중요한
용어가 '예술 정신'과 '무위자연'이다.

　물론 한국인이 갖고 있는 노장 전통에 기반한 『장자』 이해를 한
마디로 말하기는 쉽지 않다. 하지만 가장 널리 알려져 있는 모습을

말하라고 한다면 혹 이런 이미지는 아닐까 싶다. 조선 시대의 기인 매월당 김시습(金時習, 1435~1493)의 「내가 나에게」란 시를 한번 보도록 하자.

> 이 사람은 본래 한적하고 아담하여 어릴 적부터 큰 도를 좋아했네
> 뜻이 세상과 어긋나 속세 흔적 하나도 없지
> 젊어서는 명산에 노닐며 속된 바보들과 사귀지 않았네
> 늘그막엔 폭포 곁에 살며 맑은 시냇가의 늙은이로 살고자 했네
> 세상 사람들 이를 모르고 형편없이 되었다고 구시렁대네
> 이 사람은 그런 말에 아랑곳 않고 바람에 지는 꽃잎을 괴로워할 뿐
> 지금은 드러냄과 숨음을 무시로 하며 봉래도 가기를 기약한다지
>
> —— 정길수, 『길 위의 노래-김시습 선집』

이 시에서 김시습은 자신이 본래 한적하고 고아해서 어릴 적부터 '큰 도'를 좋아했는데, 자신의 뜻이 세상과 어긋나 속세의 흔적은 하나도 남기지 않았다고 한다. 그래서 젊어서는 유명한 산에 노닐면서 속된 바보들을 멀리했다고 말한다. 여기서 속된 바보란 권력에 아부하는 어리석고 못된 선비들, 즉 지식인을 풍자한 말이다. 그리고 "지금은 드러냄과 숨음을 무시로 하며 봉래도 가기를 기약한다"는 것은 곧 신선이 된다는 뜻이고, 속된 권력에 대한 근본적인 거부와 비판을 뜻한다.

한국인의 심성에서 이해되는 노장 전통이란 이런 김시습의 시풍 詩風과 크게 다르지 않다. 김시습은 이런 분위기에 가장 알맞은 시인이자 사상가일 텐데, 그것은 김시습의 불운했던 삶을 떠올릴 때 매우 자연스러운 연상이다. 어릴 적에 본 사극 드라마가 떠올라 한때 김시습을 '장자적' 인물로 생각한 적이 있었다.

그 드라마의 주인공은 김시습이었다. 김시습은 별명이 '5세 신동'이었는데, 세 살 때 글을 깨치고 다섯 살 때 문리를 깨친 천재였다. 이 소문을 들은 세종이 다섯 살배기 김시습을 불러 시험을 치고 나서, 상으로 무거운 비단 두루마리를 주며 어떻게 가져가는지를 살폈더니 비단의 끝자락을 풀어 끌고 가는 기지를 발휘했다. 세종은 유명 학자들의 가르침을 받게 하며, 나중에 큰 인물이 될 것이니 부모에게 잘 양육할 것을 당부했다.

김시습은 당시 선비들처럼 과거 시험에 급제하여 나라를 경영하는 데 헌신하는 것이 꿈이었다. 그런데 김시습이 삼각산 중흥사에 들어가 열심히 공부를 하던 21살 때에, 수양대군이 단종의 왕위를 찬탈하는 사건이 일어났다. 김시습은 공부를 접고 머리를 깎은 뒤 산속으로 들어가는데 이 때문에 김시습은 생육신의 한 사람이 되었다. 권력도 출세도 벼슬도 모두 더러운 것이라 마다하며 세속을 떠난 것이다.

드라마의 마지막은 김시습이 나이 들어 산속으로 길을 떠나는 장면이었는데, 자막으로 "대도가 폐하니 인의가 생겨났다."라며 유교를 비판하는 『노자』의 구절이 나오면서 끝난 것으로 기억된다. 아마도 이런 분위기의 이야기가 한국인에게 일상적으로 이해되는 노자나 장자에 대한 이해일 것이다. 그와 다른 노자나 장자를 말하게 되면 이러한 틀로 인해 받아들이기가 쉽지 않은 것이 현실이다. 이것이 의미하는 것이 바로 '노장 전통'이다.

김시습이 도가의 원류이며, 불교에 조예가 깊었다고 말하기도 하지만, 그도 '선도仙道' 즉 신선술을 곧이곧대로 받아들이지는 않았다. 오히려 수련을 유교의 수양론과 유사한 것으로 해석했다. 김시습의 이름은 『논어』의 '배우고 때때로 익히면 기쁘지 아니한가'라고 할 때의 그 '시습時習'에서 따온 것이며, 김시습조차 성종이 왕위에 오르자 스스로 지난 세월을 뉘우치며 벼슬에 나아가고자 했다는 사실은 잘 언급되지 않는다.

이렇게 볼 때 우리들의 상식이 되어 버린 장자와 관련된 역사적인 요소와 최근에 일어난 다양한 상황들을 되짚어 볼 필요가 있다. 바로 그런 요소나 상황들을 되짚어 가면서 『장자』를 만나기 위해서는, 우리들의 삶 속에서 고전 읽기를 하기 위해서는 새로운 방식의 읽기, 고전 이해가 필요하다. 이 책은 바로 그런 생각을 가진 독자, 스스로의 힘으로 『장자』와 만나 보고자 하는 사람들을 위한 것이다.

고전을
'고쳐 읽는다'는 것

지금까지의 이야기는, 20세기에 중국에서 장자를 읽던 방식과 한국에서 읽어 온 방식과 내용이 다르다는 것을 의미한다. 중국과 한국 두 나라의 장자 사상에 대한 이해가 같다고 하는 것은, 전문적 훈련을 받은 대학가의 학자들에게나 해당하는 말이다. 실제 한국의 역사에서 이어져 온 장자 해석은 이와 조금 다르다. 어쩌면 보다 생동감 있게 역사의 현장 속에서 장자 해석을 한 사람은 함석헌이라고 말하는 것이 더 타당할 수도 잇다.

함석헌은 고전 읽기의 방식을 '씨알의 고전 고쳐 읽기'라고 표현한다. 함석헌은 80년대에 출간된 『씨알의 옛글풀이』라는 책에서 '고전 고쳐 읽기'에 대해 말하면서 『노자』, 『장자』, 『맹자』 등의 옛 고전을 나름의 방법으로 읽고 해석하는 방법을 제시하고 있다. 그에 따르면, 고전은 그냥 읽는 것이 아니라 씨알의 자리에서 고쳐 읽어야 한다는 것이다.

그런데 '고전을 고쳐 읽는다'는 것은 무엇보다 전통적 삶의 양식이 현대적 삶의 양식으로 바뀌었기 때문에 고전을 읽는 방식에 논리는 물론 역사적 상상력을 발휘해야 함을 의미한다. 때로 고전이 논리적으로 납득이 되지 않는다 하더라도 오늘의 가치를 통해서 고전을 다시 불러오는 해석이 필요하다는 뜻으로 이해할 수 있다. 즉 어떤 고전이 왜 이 땅에서 그러한 식으로 읽혀져 왔는가를 따져 보는 노력이 우리에게 필요하다는 말이다. 바로 그런 노력을 통해서 고전을 새롭게 읽을 수 있다는 것은 우리에게 매우 중요하다.

한편 '고전을 고쳐 읽는다'는 것은, 언어의 의미를 현대적으로 옮겨서 읽는 것만이 아니라 새로운 가치를 부여하는 것이기도 하기 때문에 어떤 면에서는 논리적 비약이 있을 수도 있다. 달리 말하면 '과거의' 고전에서 주장하던 가치가 오늘날에는 타당하지 않을 수 있다는 것을 인정해야 한다는 것을 말한다. 과연 우리는 군주제 시대에 통용되던 고전 읽기 방식을 있는 그대로 받아들여야 하는가?

우리는 오늘날 『논어』를 읽으면서 '성인聖人'이 되기를 꿈꾸지는 않는다. 그런데도 『논어』에서 말하는 도덕적 인간인 군자君子는 옳고 소인小人은 그르다는 공자의 인간관을 오늘날에도 그대로 적용한다. 누구든 자신이 소인이라고 불리는 것을 달가워하지는 않을 것이다.

하지만 자본주의 사회를 살아가는 사람이 소인임을 부정하기란 쉽지 않다. 즉 우리는 『논어』를 통해 우리의 삶을 부정하고 욕하는 가치관을 마치 당연한 것처럼 생각하고 있는 것은 아닐까 하는 의구심을 제대로 가져 보지 못하고 고전을 읽고 있는 것이다. 따라서 우리는 다른 방식으로 읽기를 고전에 접목해야 할 때가 되었다고 할 수 있다.

결국 우리가 오늘날 받아들이고 있는 장자 해석은 지나온 한국인의 삶과 역사에서 자생적으로 이루어진 산물이면서, 국제적인 공통의 해석이 함께 어우러진 산물임을 보여 준다. 아마도 이 책은 이러한 관점에서 철학적 고전 『장자』에 대해 소개하는 최초의 시도일 것이다. 그간 우리가 읽어 온 장자 이해는 상당히 부분적이었으며, 결코 전체가 아니라는 점이다. 또 기존의 장자 읽기와 전혀 상이한 방식의 장자 읽기도 가능하다는 점이다.

2
인간 '장주'와 『장자』라는 책

『사기』에 묘사된
'장주'

　　『장자』의 「추수秋水」 편에는 장자가 낚시를 하고 있는데, 초
楚나라 왕이 보낸 두 대부大夫가 찾아와 정치를 맡기고자 하는 이야
기가 나온다. 장자는 이를 거부하는데, 왜 모든 지식인들이 꿈에도
그리던 재상의 자리를 마다한 것일까? 저 인륜과 도덕의 수호성인
공자孔子조차도, 반역을 꾀한 양호陽虎의 부름에 갈까 말까 망설이
다 충직한 제자 자로子路의 핀잔을 사지 않았던가!

　장자의 가슴속에 응어리진 비애가 더 컸던 것일까, 아니면 흔히
말하듯 무정한 정치의 세계에서 살아남으려는 비정한 몸부림이 싫
어서였을까, 그도 아니면 남방의 대국大國 초나라가 작다고 생각해
서였을까? 왜 사마천은 이 이야기만을 유독 강조하여 『사기』의 장
자 전기 부분에서 크게 다룬 것일까? 『장자』 「추수」 편의 이 이야기
는 사마천의 전기에서 다뤄짐으로써 장자라는 인물의 역사상을 거

의 결정하다시피 했다.

당시의 중국 사회는 전국戰國시대(기원전 403~221). 서구 학자들
이 "국가 간 전쟁이 끊이지 않던 시대(Warring States Period)"라고 부
르듯이, 전국시대는 전란과 정치적 소용돌이가 끊이지 않던 시대였
다. 전란의 회오리가 요동치는 시대는 뜻이 있으나 때를 얻지 못하
던 사람들에게는 절호의 기회를 제공하기도 한다. 난세는 영웅을
기다린다는 말도 있지 않던가. 그러나 장자에게는 그런 커다란 야
망이 없었던 것일까.

사마천에 따르면 장자는, 초나라 왕이 보낸 두 대부에게 이렇게
말했다고 한다. "그대들은 빨리 돌아가 나를 더 이상 욕되게 하지
마시오. 차라리 시궁창에서 뒹굴며 즐거워할지언정 나라를 가진 제
후들에게 구속당하지는 않을 것이오. 죽을 때까지 벼슬하지 않아
나의 마음을 즐겁게 하고자 하오." 그뿐이었다. 거의 같은 시대를
살면서도 수많은 제자를 거느리고 천하를 주유周遊하며 제후들에
게 유세하던 맹자孟子와는 전혀 다른 모습을 보여 준다.

가장 오래된 중국의 역사서 『사기』는 장주의 생애를 극히 간략하
게 다루고 있는데, 오로지 위의 이야기만은 세밀하게 기록하여 전
하고 있는 것을 보면 이 일화가 신빙성이 없다고는 할 수 없다. 또
한 『장자』에는 이 일화가 두 차례에 걸쳐 등장한다. 이것이 진정 사
실이었는지는 아무도 모른다. 이 일화를 제외한 사항에 대해서는
간략하게 전하고 있다.

『사기』에 따르면, 장자는 성이 장莊이고 이름을 주周라 한다. 그 옛날 찬란한 문명을 과시했던 상商의 유민에게 주어진 땅에 세워진 송宋나라의 몽蒙이라는 마을에서 기원전 369년에 태어나 그곳에서 칠원漆園, 즉 옻나무 동산을 관리하는 낮은 벼슬을 지냈다고 전해지며, 기원전 286년에 죽었다고 한다. 이와 같은 몇가지 간단한 사항을 제외하면 장자의 삶에 대해 구체적으로 알 수 있는 것은 현재 별로 없다.

마치 노자가 역사와 전설의 공간을 오가며 다양한 이야기의 주인공으로 살아왔듯이 장자 또한 구체적인 생애의 과정은 알 수 없고, 단지 그가 지었다고 하는 책『장자』의 저자로서 시간과 공간을 넘어왔다고 해도 과언이 아니다. 이런 기록은 대체로 장주라는 인물에 대한 이미지를 결정지은 것은 물론 그의『장자』를 해석하는 주된 시각으로 역할해 왔다. 하지만 우리가 다음 절에서 보듯이, 이 기록은 그것이 사실인가 아닌가 하는 문제보다는, 장주라는 인물이 당시 지식인들의 열망을 보여 주는 하나의 전형으로 창조되었다는 점을 더욱 주의 깊게 살펴야 한다.

동아시아 역사 속의 고전이 대개 그러하듯이 위대한 사상가는 그의 언행을 통해 전해진다. 따라서 이들의 언행을 살펴볼 수 있는 최고의 자료는 그들의 저서이다. 장자의 경우에도 마찬가지이다. 사마천의『사기』에 기록된 장자의 사적은 극히 소략하지만 그의 저술로 전해지는『장자』에는 거의 서른에 가까운 그의 대화와 언급이 담겨

있다. 우리는『장자』에 기록된 갖가지 일화를 통해 그가 어떤 '인간'

이었던가에 대해 조금은 가늠해 볼 수 있다.

『장자』 속의
인간 '장주'

　　　　『장자』에 나오는 인간 '장주'의 일화를 보면 그는 생전에 노魯나라의 애공哀公과 만났으며, 위魏나라의 혜왕惠王과도 만난 적이 있다. 여기서 말하는 혜왕은 『맹자孟子』에서 천리 길을 마다 않고 먼 길을 온 맹자에게 "우리 나라에 무슨 이익(利)이 있겠습니까?"라고 물었던 위나라 중흥의 개혁 군주 혜왕이다. 특히 위나라의 재상을 지낸 위대한 정치가이자 사상가인 혜시(惠施, 기원전 370~310)와는 막역한 친구 사이였던 것으로 보인다. 또한 부인의 상을 당해 슬퍼하기는커녕 춤추며 노래하였다는 기이한 행적이 기록된 것으로 보아 장자는 결혼했고 몇명의 자식이 있었던 듯하다.

　　『장자』에서 증언하는 인간 장자는 아주 가난하고 고달픈 삶을 살았던 것으로 보인다. 「외물」에는 장자가 집이 가난하여 감하후에게 곡식을 빌리러 갔다가 불쾌한 대접만 받고 나온 이야기가 기록되어 있다. 또 「열어구」에는 송나라 왕을 위해 진秦나라에 사신으로 가서 성공하고 돌아온 조상曹商의 입을 통해 장자가 얼마나 곤궁하게 살았는가를 알려 주는 대목이 나온다. 임무를 성공적으로 마치고 돌아온 조상은 장자를 만나 "대체 이렇게 곤궁한 마을 뒷골목에 살면서 궁색하게 짚신이나 엮으며 목덜미는 그렇게 여위고 낯짝은 누렇게 떠 있다니 나라면 이렇게는 살지 못할 거요."라고 거들먹거리듯이 말한다. 이런 기록들은 하나같이 장자가 무척 곤궁한 처지에서 살았다는 점을 부정하기 어렵게 한다. 하지만 장자 자신의 입장은 이와 달랐다. 다음의 일화는 장자의 정신적 풍모를 잘 보여 준다.

장자가 누더기처럼 기운 옷을 입고 삼끈으로 얽어맨 신발을 신고서 위나라 혜왕의 곁을 지나가고 있었다. 위왕이 그에게 말했다. "선생은 어째서 이렇게 지친 것이오?" 이 말을 들은 장자가 이렇게 말했다. "가난한 것이지 지친 것이 아니오이다. 선비가 도와 덕을 지니고 있으면서도 이를 행하지 못했을 때 지쳤다고 하는 것입니다. 옷이 해지고 신발에 구멍이 난 것은 가난한 것일 뿐 지친 것이 아니오이다. 이는 곧 때를 만나지 못했음을 말하는 것일 뿐입니다. […] 지금처럼 군주가 어리석고 신하들이 혼란스러운 시대에 지치지 않으려 한다 해서 어찌 그럴 수가 있겠습니까? 저 비간比干과 같은 충신이 심장을 도려내는 일을 당한 것을 보면 분명하지 않습니까!" 「산목」

여기서 장자는 자신을 충신 비간에 비유하면서 은연중에 자신이 도와 덕을 속에 품고 있어 천하를 구제할 만한 그릇이지만 아직 때를 만나지 못한 사람임을 강조하고 있다. 하지만 위혜왕의 눈에 비친 장자는 가난에 찌들어 비천해 보이는 몰골이었던 모양이다. 장자는 외모가 아닌 가슴속의 웅지를 보고서 사람을 쓸 것을 종용하는 듯하다. 아무리 좋은 활이라도 명궁의 손에 쥐어져야 그 활의 본색이 드러나며, 물고기가 물을 만나야 광대한 물 속을 자유롭게 유영할 수 있지만, 당시처럼 부패와 혼란이 극심한 시대에는 뛰어난 인재일수록 초라하고 볼품없이 살아간다는 것을 장자는 은연중에 꼬집고 있다.

비록 가난하였지만 장자는 값싼 동정에 몸을 팔거나 절개를 버려가면서까지 세상이나 권력자에 아부하는 것에 대해 극심한 반감을 갖고 있었다. 장자는 자신의 처지를 비웃었던 조상을 호되게 비판한다.

"진나라의 왕은 병이 나서 의사를 부르면 종기를 터뜨려 고름을 빼는 자에게는 수레 한 대를 주고 치질을 핥아서 고치는 자에게는 수레 다섯 대를 준다고 하더이다. 치료하는 데가 아래로 내려갈수록 수레를 더 많이 준다고 하는데 당신도 그 치질을 고쳐 준 것이오? 수레를 많이도 얻으셨군요! 자, 어서 가 버리시오." 「열어구」

장자의 시대는 유사遊士의 시대였다. 당시 중국에서 사인士人이란 신분은 오로지 벼슬에 나아가 제후를 도와 천하를 다스리는 일 이외에는 생각할 수 없는 시대였다. 하지만 국가 간의 전쟁이 끊이지 않고, 작고 약한 나라들은 강력한 소수 열강에 병합되는 현실에서 나라를 잃은 사인들은 새로운 군주를 찾아 나서지 않을 수 없었다. 수많은 떠돌이 사인들은 부상하는 새로운 신흥 군주에게 호감을 얻기 위해 이른바 유세遊說를 하게 된다. 타고난 신분에 의해 직업이 결정되는 사회에서 사인이 농사를 짓거나 비천한 일을 하는 것은 부끄러운 일이었기 때문이다. 하지만 모두가 원하는 뜻을 얻을 수 있는 것도 아니었다.

그런 면에서 장자와 혜시의 만남은 유독 눈길을 끈다. 왜냐하면 혜시는 당시의 두 강대국, 곧 서쪽의 진秦나라와 동쪽의 제齊나라가 강력하게 떠오르던 그 시절에, 중원의 한복판에서 기울어 가던 위나라의 찬란한 중흥을 함께한 재상이었기 때문이다. 장자는 아무런 기대조차 할 수 없던 자신의 조국 송나라에 대한 미련을 접고 새로운 개혁의 기운이 가득한 희망의 나라 위에서 자신의 뜻을 펼치고 싶었던 것은 아닌가 싶다. 그런 의미에서 장자와 혜시의 만남을 우연으로만 치부할 수는 없지 않은가.

혜시와의 만남은 더욱 극적인 효과들로 가득하다. 혜시는 늘 장자에게 "당신의 말은 쓸모가 없소이다." 하고 핀잔하였던 모양이다. 「추수」편에는 장자가 위나라에 가자 혜시가 그에게 재상의 자리를 빼앗길까봐 두려워하였다는 이야기가 실려 있다. 하지만 이 이야기는 후대에 장자의 후학들이 지어낸 이야기로 보인다. 오히려 「서무귀」 편에서 장자가 혜시를 애도하며 하는 이야기는, 장자와 혜시의 관계가 어떠하였는가를 잘 보여 준다.

장자가 장례식에 참석하기 위해 길을 가다 혜시의 묘 앞을 지나게 되자 자신을 따르던 시종을 돌아보며 이렇게 말한다.

"초나라의 서울 영 사람이 자기 코끝에 하얀 흙을 파리 날개처럼 얇게 바르고 장석匠石에게 이것을 깎아 내게 하였다. 장석은 바람소리가 날 정도로 도끼를 휘둘렀으나 영 사람은 가만히 움직이지 않고 있었다. 하얀 흙이 전부 다 깎여 나갔지만 코는 조금도 다치지 않았고 영 사람 또한 미동조차 하지 않았다. 이 이야기를 들은 송의 원군元君이 장석을 불러들여 자기에게도 보여 달라고 했다. 그러자 장석은 예전에는 그렇게 할 수 있었지만 지금은 그 사람이 죽어 그렇게 할 수가 없다고 했다 한다. 나도 그 장석이란 사람과 마찬가지로 혜시가 죽은 뒤로는 함께 이야기할 사람이 없어졌구나!" 「서무귀」

적어도 이 이야기에 따르면, 장자에게 혜시는 단순히 자신의 이야기를 들어 주는 사람에 지나지 않은 것이 아니라 장자 자신을 가장 잘 이해하였던 지기知己로 보인다. 사인의 신분으로 일국의 재상이던 혜시와 수없이 많은 대화를 나누는 주인공으로 『장자』에 묘사

되는 장자는 도대체 어떤 인물이었을까? 또한 그런 장자와 혜시는 실제 현실에서 어떻게 만날 수 있었을까? 우리는 여기서 아주 상식적인 추론을 해보는 수밖에 다른 도리가 없다. 그것은 혜시와 장자의 관계를 후원자와 문객門客으로 이해하는 것이다.

당시 중국 대륙은 각 나라 간 전쟁이 끊이지 않았고 사회 개혁에도 열성적이었다. 얼마나 효율적인 국가 체제를 수립하느냐 하는 것은 국가가 살아남느냐 망하느냐 하는 절대절명의 과제였다. 이러한 문제를 해결하기 위해 가장 절실한 것은 인재였다. 당시의 군주들은 훌륭한 인재를 모으기 위해 최선의 노력을 경주하였다. 제나라의 위왕威王과 선왕宣王, 위나라의 혜왕 등은 모두 이러한 인재 육성에 가장 열심이던 군주들이다. 맹자가 이들을 만나 유세한 것도 바로 이와 같은 현실에서 비롯된 것이었다. 이것은 장자에게도 그대로 해당되는 것이 아니었을까?

『장자』에 실린 이야기만 보아도 장자는 위나라의 혜왕을 찾아가 만났고, 송나라의 태재太宰 탕蕩을 만나 인仁에 대한 이야기를 나누었고, 또한 노나라의 애공을 만나기도 하였다. 『장자』에 나오는 수많은 이야기들은 비록 오늘날의 시각에서 볼 때 문학적 수사와 과장이 많지만 장자가 여러 유력자들에게 유세한 이야기로 생각할 수 있다. 유세라고 하는 것이 어떤 하나의 정형이 있다고 생각해서는 곤란하다. 장자 또한 당시의 군주를 설득하기 위해 자신의 사상을 펼쳤다는 점에서 분명히 유세라고 할 수 있다.

「설검」에서 장자는 조趙의 문왕文王에게 진정한 천자의 검이란 "한번 휘두르면 제후의 행동을 바로잡고 온 천하가 복종하게 된다."고 말한다. 이와 달리 제후의 검은 "한 나라 안의 사람들이 모두 복종하고 군주의 명령을 따르지 않는 자가 없게 된다."고 한다. 하지만 서인庶人의 검이란 "위로 목을 베고 아래로는 간이나 폐를 찌르는 것으로서 마치 투계를 하는 것과 다를 바가 없다."고 문왕의 칼싸움을 좋아하는 취향을 비난한다. 천자의 자리에 있으면서 서인의 검을 좋아하는 것은 경멸할 만한 일이라는 것이다.

「설검」에 묘사된 장자는 제나라 선왕이나 위나라 혜왕을 만나 왕도王道 정치를 시행할 것을 거침없이 요구하는 기개 높은 맹자와 다를 바 없다. 다만 장자는 그 거침없는 말투와 과장된 논조로 인하여 주변 사람들로부터 더 커다란 시기와 조소를 받은 것은 아닐까 추측할 뿐이다. 『장자』에 처세에 대한 이야기가 많은 것은 어쩌면 처세에 능하지 못한 그 자신의 신세를 한탄하는 자조였는지도 모른다. 본래 처세에 능한 사람은 처세의 원리에는 관심이 없다. 오히려 처세에 능하지 못해 처세의 어려움을 말하는 것이 아닐까.

장주라는 인물이 누구인지 또 어떤 성품의 사람인지는 말하기가 쉽지 않다. 이것은 현재의 우리에게만 해당하는 것이 아니라, 전통 동아시아 역사에서도 마찬가지였다. 『장자』라는 책 자체가 다양한 이야기를 하고 있기도 하지만, 지식인들은 시대에 따라 자신의 기호에 따라 『장자』 속에서 나름의 지혜를 이끌어 냈다. 그런 의미에서 『장자』 속에는 수많은 '장자들'이 존재한다. 어떤 장자를 만나는가는 읽는 이에 따라 다를 수 있다. 그 다름이야말로 우리들에게 더욱 뜻깊은 것일 수 있다.

『장자』에 등장하는 장주와 관련된 이야기들

『장자』에 등장하는 장주 자신에 관한 이야기는 세 계열로 묶을 수 있다. 첫째는 친구였던 사상가 혜시와 논쟁한 이야기들이고, 둘째는 장자의 현실적 삶을 보여 주는 이야기들이며, 그리고 셋째는 장자가 도道에 대해 논의하거나 혹은 깨달음을 얻은 이야기들이다. 이 이야기들은 벼슬을 거부한 장자와 겹치기도 하고, 전혀 다른 일면을 보이기도 한다.

제1계열 장자와 혜시의 이야기

쓸모없는 두레박과 큰 나무 이야기, 「소요유」

성인에게는 정情이 없다는 이야기, 「덕충부」

장자가 위나라에 가자 혜시가 두려워한 이야기, 「추수」

물고기의 즐거움에 관한 이야기, 「추수」

학파에 대해 논쟁한 이야기, 「서무귀」

혜시의 죽음을 애도한 이야기, 「서무귀」

혜시가 장자의 말이 쓸모가 없다고 비판한 이야기, 「외물」

공자가 마음을 육십 번 바꾼 이야기, 「우언」

제2계열 장자의 신세에 관한 이야기

장자가 벼슬을 마다한 이야기, 「추수」

장자의 처가 죽은 이야기, 「지락」

장자가 위혜왕을 만난 이야기, 「산목」

장자가 노애공을 만난 이야기, 「전자방」

장자가 감하후에게 곡식 구걸한 이야기, 「외물」

조상을 비웃은 이야기, 「열어구」

장자가 송왕에게 수레 열 대 받은 사람을 비웃은 이야기, 「열어구」

장자가 벼슬을 마다한 이야기, 「열어구」

장자가 죽었을 때의 이야기, 「열어구」

제3계열 장자의 도와 처세에 관한 이야기

장자가 나비가 되는 꿈을 꾼 이야기, 「제물론」

송나라 태재 탕과 인에 관해 나눈 이야기, 「천운」

장자 얘기를 듣고 놀란 공손룡 이야기, 「추수」

장자가 두개골을 보고 깨달은 이야기, 「지락」

무용한 나무와 울지 못하는 거위 이야기, 「산목」

조릉에서 따귀 맞고 깨달은 이야기, 「산목」

동곽자와 도에 관해 나눈 이야기, 「지북유」

국경지기의 양생을 칭찬한 이야기, 「칙양」

천자, 제후, 서인의 검을 논한 이야기, 「설검」

도는 알기는 쉬우나 말하지 않기가 어렵다는 이야기, 「열어구」

장자가 도술에 기뻐한 이야기, 「천하」

　장주에 관한 이야기들 속에서 우리는 유머와 재치, 역설과 슬픔을 함께할 수 있다. 『장자』를 반드시 처음부터 읽어야 할 이유도 없고, 어디서부터 읽든 그것은 읽는 이의 선택이다. 자유롭게 '이야기'로 읽는 것만큼 재미있게 읽는 방법도 없을 것이다.

『장자』라는 책과
그 구성

일반적으로『장자』는『남화진경南華眞經』이라고도 부르며 전국시대의 인물 장주가 지은 책으로서 내편內篇 7편, 외편外篇 15편, 잡편雜篇 11편 모두 33편으로 구성되어 있다고 알려져 있다. 오늘날 흔히 볼 수 있는『장자』의 구성이 이와 같다. 하지만 오늘날 우리가 보는『장자』가 그대로 장주의 저작이라거나 또는 책으로 엮어진 처음 모습 그대로라고 믿는 사람은 아무도 없다. 앞에 소개한 33편본『장자』는 위진魏晉시대에 곽상(郭象, 기원후 ?~312)이 정리한 것이다. 저자라 하는 장주의 시대와는 거의 600년이라는 세월의 격차가 있다. 곽상과 우리와의 차이 또한 1,700년이나 된다.

목판이나 금속활자를 사용하여 대량으로 찍어 내는 인쇄 문화가 발전하지 않았던 옛날에는 손으로 직접 필사해야 했기에, 그 과정에서 글자가 누락되거나 잘못 옮겨지는 경우도 많았다. 또 고의적으로

원래의 글자를 바꾸거나 필요에 의해 수정하는 경우까지 감안한다
면 현재 우리가 보고 있는『장자』가 원래의 그것과 얼마나 같은지는
확인할 수 없다. 게다가『장자』가운데 장주 자신이 지었다고 하는
부분이 있다 해도, 장주가 사용하던 한자와 지금 우리가 쓰는 한자
는 모양이 다르다. 따라서『장자』의 원본을 복원한다는 것은 불가능
한 일이다.

『장자』의 구성과 각 편의 제목

현대의 학자들은 내편의 경우 장주 자신의 저술이라고 추정
하지만, 외편과 잡편은 그의 제자나 후학에 의해 저술된 것이라
고 생각한다. 그리고 오늘날 우리가 읽을 수 있는 33편본『장
자』는 장주의 의도를 반영한 것이라기보다 기원후 3세기경 진晉
나라의 곽상이 편집한 판본이다.『장자』가 널리 읽히기 시작한

것도 기원후 2세기에서 3세기, 즉 후한 말에서 삼국시대에 이르러서이다.

영어로 번역된 제목을 보면 현대적으로 해석되는 의미를 보다 쉽게 알 수 있다.

내편 총7편: Inner Chapters

1. 「소요유逍遙遊」: Carefree Wandering

2. 「제물론齊物論」: On the Equality of Things

3. 「양생주養生主」: Essentials for Nurturing Life

4. 「인간세人間世」: The Human World

5. 「덕충부德充符」: Symbols of Integrity Fulfilled

6. 「대종사大宗師」: The Great Ancestral Teacher

7. 「응제왕應帝王」: Responses for Emperors and Kings

외편 총15편: Outer Chapters

8. 「변무駢拇」: Webbed Toes

9. 「마제馬蹄」: Horses' Hooves

10. 「거협胠篋」: Ransacking Coffers

11. 「재유在宥」: Preserving and Accepting

29. 「도척盜跖」: Robber Footpad

30. 「설검說劍」: Discoursing on Swords

31. 「어부漁父」: An Old Fisherman

32. 「열어구列禦寇」: Lieh Yue K'ou

33. 「천하天下」: All Under Heaven

　앞에서 소개한 것처럼 곽상이 정리한『장자』는 33편으로 이루어
져 있다. 하지만 기원후 1세기경의 역사가 반고의『한서』「예문지」
에서는 내편 7편, 외편 28편, 잡편 14편, 해설 3편인 총 52편으로 이
루어져 있다고 소개한다. 사마천 또한 그의『사기』에서『장자』가 10
만 자가 넘는다고 하였으니, 오늘날 6만 4,606자로 되어 있는 곽상
본에 비하면 양이 훨씬 많다. 따라서 현존『장자』는 본래 분량의 3
분의 1이 유실된 셈이다.

『장자』,
언제 누가 지었는가?

일찍이 송의 문인 소식蘇軾은 「장자사당기莊子祠堂記」란 글에서 「양왕」, 「설검」, 「어부」, 「도척」 등은 장주가 지은 것이 아니라 의심한 바 있고, 명말 청초의 왕부지王夫之도 외편과 잡편에는 위작이 많다고 지적한 바 있다. 이후 청대의 고증 학자들이나 중국 근대의 계몽적 지식인들은 여러 근거를 들어 『장자』의 의심스러운 문제들에 대해 다양한 논의를 전개하였다. 따라서 오늘날의 학자들은 『장자』 가운데 일부만을 장주의 저작으로 인정하고 나머지는 그의 후학이나 편집자가 쓴 것으로 추정한다.

『장자』 가운데 장주 자신이 쓴 것은 내편 7편이라는 데에는 커다란 이의가 없다. 특히 현대 중국의 『장자』 연구자인 유소감劉笑敢에 따르면, 내편에는 도, 덕, 명命, 정精, 신神 등의 단일 개념만 있고 복합 개념은 없는데 비해 외편과 잡편에는 도덕道德, 성명性命, 정신精神과 같은 복합 개념이 30여 차례 이상 나온다는 점을 들어 내편이 외편이나 잡편보다 성립 연대가 빠르다고 논증한다. 또한 문장이나 편집의 체제, 사상의 일관성 등을 근거로 할 때, 내편이 가장 빨리 성립된 장주 자신의 저작이며, 외편과 잡편은 장자의 사상을 계승, 발전시킨 후학의 저술이라 한다. 장주 후학의 저술이 뒤섞여 있는 외편과 잡편에서 유소감은 세 가지 유파를 구분하는데, 이 세 유파란 장주의 사상을 거의 그대로 계승하고 넓히고자 한 술장파述莊派, 현실의 도덕과 정치에 대한 강력한 비판을 담고 있는 무군파無君派, 유가는 물론 다른 여러 사상가들의 학문을 포괄적으로 수용하면서 현실에 대한 적극적인 개혁의 비전을 제시하고 있는 황로파黃老派 등이다.

유소감의 논증 이후 내편이 장주 자신의 저술이라는 주장에 이의를 제기하는 사람은 거의 없으나, 장자 후학의 유파를 구분하는 시각에 대해서는 지금도 여러 가지 주장이 제기되고 있다. 이에 대한 대표적인 연구자가 영국 출신의 학자 그레이엄Angus C. Graham이다. 그레이엄은 외편과 잡편의 내용을, 장자의 철학을 계승하는 장자학파, 원시적 이상 사회의 비전을 제시하는 원시파, 고대 중국의 개인주의 철학을 설파하는 양주파, 그리고 갖가지 사상과 조류가 혼합되어 있는 종합파라는 네 가지 유파로 분류한다.

그레이엄의 세밀한 논의는 현대 중국의 마르크스주의 사상가 관펑(관봉關鋒)의 논의를 비판적으로 발전시킨 것으로, 장자를 읽거나 연구하는 데에 여러 면에서 유용한 시각을 열어 준다. 이에 관한 자세한 소개는 뒤에서 상세하게 다룰 것이다.

사마천의 『사기』에서는 장주의 저술이 「어부」, 「도척」과 같이 지극히 반유가적 성격이라 묘사하는 데 반해, 송나라의 소식은 이 편들이 장주의 저술이 아니라고 의심하였다. 또한 현대 학자의 『장자』 이해는 주로 신비롭고 장대한 이야기, 기막힌 역설의 논리로 가득한 「소요유」와 「제물론」을 중심으로 이뤄진다. 이 가운데 어느 것이 진정으로 『장자』의 사상을 대표한다고 말하기란 어렵다. 다만 시대에 따라, 관심에 따라 다양하게 읽혀지고 있다는 것을 보여 줄 뿐이다.

미국의 연구자 메이크험John Makeham은 『장자』에 묘사되어 있는 공자의 모습이 『논어』에 묘사되어 있는 공자의 모습과 유사하며, 같은 유가에 속하는 『맹자』나 『순자』 그리고 사마천의 「공자세가」에 묘사된 공자의 모습과는 다르다는 점을 지적한다. 『장자』에 그려진 공자의 모습이 본래에 더 가까울 수도 있다는 것이다.

또 현대 미국의 대표적인 도가 사상 연구자인 해롤드 로스Harold D. Roth는 『장자』의 편집자가 『회남자』를 지은 유안劉安이라면서, 『장자』의 마지막 편인 「천하」는 그가 『장자』를 편집하고 난 후에 쓴 '후서'에 해당한다는 전통적인 주장을 새롭게 제기하고 있다. 『장자』가 이미 전국시대 후기에는 분명하게 책으로 묶여졌다는 중국측 학자들의 주장과 달리 비교적 늦게 성립된 것으로 보는 것이다. 이것은 왜 한초에 『장자』에 관한 언급이 거의 없는지, 또 『장자』에 왜 다양하고 이질적인 여러 논조가 뒤섞여 있는지가 해명되는 장점이 있다.

그레이엄의 주장이 옳다면『장자』는 장주 자신이 지은 내편 이외에 외편과 잡편에는 무려 세 갈래 혹은 네 갈래의 다른 목소리가 공존한다. 문헌 성립 기간까지 고려하면 기원전 3세기 초부터 곽상이 살았던 기원후 4세기 초까지 거의 600여 년에 걸쳐 있다. 이렇게 볼 때『장자』는 어느 특정 인물의 사상을 대변하는 문헌이 아니며 또한 그렇게 읽혀져서도 곤란하다. 이는 사상의 해석에도 그대로 적용된다.

물론 이와 같은 여러 주장들 가운데 확실한 것은 아무것도 없다. 하지만『장자』의 저술이 언제 이루어진 것인지 또 문헌으로 성립된 것이 언제인지에 관한 주장들을 염두에 두고『장자』를 대할 때 다가오는『장자』의 모습은 아주 다양하다. 그야말로『장자』읽기는 하나의 모험이고, 상상의 날개를 펼 것을 요구한다.

우리는 다음 장에서,『장자』를 읽을 때 갖게 되는 중요한 하나의 틀로서, 장자라는 인물의 중요한 성격을 살펴볼 것이다. 장자가 전통 속에서 특정한 얼굴로 형상화되면서 그와 함께 읽혀지는『장자』의 몇가지 예화들은, 우리가『장자』를 읽을 때에 매우 중요한 이해의 틀로 작동한다. 우리는 장자라는 인물에 대한 이야기가 역사 속에서 어떤 식으로 구성되고 만들어지는지를 확인함으로써 우리가 가진『장자』이해의 틀을 살필 것이다.

3
역사 속 장자의 얼굴'들'

인간 장주,
그 이야기의 진화

앞에서 살펴보았듯이 장자의 전기는 사마천의 『사기』「노자한비열전」에 아주 짧게 소개되어 있다. 그는 송나라에서 태어났고 칠원이라는 옻나무 밭의 관리를 지냈으며 제나라 선왕, 위나라 혜왕과 동시대인이었다. 또 장자는 문장이 빼어나서 유가와 묵가를 공격했다고 나오는데, 이 부분 때문에 장자는 유가와 묵가를 비판한 사람이라는 중요한 이해 방식이 생겨났다.

그리고 그 뒤에 이어지는 이야기는 장자를 가장 장자답게 하는 유명한 일화로서, 초나라 위왕이 장자를 재상으로 초빙하였는데 이를 거절한 이야기이다. 우리는 이미 앞에서 비교적 소상하게 그 이야기의 의미를 살펴보았다. 그런데 이 이야기는 약간 다르지만 두 번에 걸쳐 『장자』에도 나온다. 재미난 것은, 『장자』에 나오는 두 이야기와 『사기』의 장자 전기에 나오는 이야기가 조금씩 차이가 난다는 점이다. 이 이야기들을 차례로 살펴봄으로써, 장자라는 인물의 상이 어떻게 구체화되어 가는지를 분명하게 이해할 수 있다. 그리고 이러한 장자상은 『장자』의 사상을 이해하는 가장 중요한 틀로 자리 잡힌다.

장주가 벼슬을 거부한 이야기는 「열어구」와 「추수」 편에 보인다. 「열어구」의 이야기가 간단한 것에 비해 「추수」의 이야기는 조금 더 구체화된다. 그리고 『사기』 「노자한비열전」의 '장자열전'에서는 훨씬 더 구체적인 이야기로 바뀌게 된다. 그 변화의 주된 초점을 살핌으로써, 전국시대에서 한나라 초기까지 '장자'라는 인물에 대한 상이 어떻게 역사적으로 주조되었는지를 이해할 수 있다.

누군가 장자를 재상으로 초빙하였더니 장자는 그 사자에게 대꾸하여 이렇게 말했다. "당신도 태묘의 제사 때 희생으로 바쳐지는 소를 보았겠지. 수놓은 비단을 입히고, 꼴과 콩을 먹이다가 막상 제사 때 끌려가 태묘에 들어갈 때 미쳐서는 비록 어미 잃고 잘 못 먹는 송아지가 되고자 한들 그것이 가능하겠소?" 「열어구」

세 가지 이야기 판본 가운데 「열어구」 편의 이야기는 가장 단순한 내러티브를 갖고 있다. 누군가가 장자를 초빙하였다고만 되어 있다. 즉 장자에게 벼슬을 주려고 불렀다는 내용은 있지만 어떤 위치의 벼슬인지 그리고 부른 사람이 누군지는 밝히지 않고 있다. 심지어 어느 나라에서 부른 것인지도 말하지 않는다. 이런 내용을 두고 「추수」에서는 '초나라 왕'이라고 하고, 『사기』에서는 '초나라 위왕'이라고 구체적으로 밝힌다. 이러한 구체적 서술은 사건의 사실성을 강화하고자 한 의도로 보인다.

또한 「열어구」에서는 어미를 잃어 젖을 제대로 먹지 못하는 송아지에 비유하고 있는데, 「추수」에서는 '신령한 거북이'로 변화하다가 다시 『사기』에서는 '몸집 작은 돼지'로 바뀌고 있다. 하지만 송아지이든 거북이든 돼지이든 의미상의 차이는 없다. 모두 벼슬살이하는 것을 희생양으로 보고 있다. 이 점은 세 이야기 모두에서 공통된 점이며 가장 중요한 주제 의식을 반영한다.

장자가 복수에서 낚시를 하고 있었는데 초나라 왕이 두 사람의 대부를 사자로 먼저 보내 이렇게 말하게 하였다. "우리나라의 모든 일을 선생에게 맡기고자 원합니다." 장자는 낚싯대를 쥔 채 돌아보지도 않고 말했다. "나는 들건대 초나라에는 죽은 지 이미 3천 년이나 된 신령한 거북이가 있는데 왕은 이것을 상자에 넣고 비단보로 싸서 묘당 안에 소중하게 간직하고 있다지요. 이 거북이는 죽어서 뼈를 남겨 소중하게 받들어지기를 바랐을까요, 아니면 살아서 진흙 속을 꼬리를 끌며 다니기를 바랐을까요?" 두 사람의 대부가 말했다. "그거야 차라리 살아서 진흙 속을 꼬리를 끌며 다니기를 바랐을 테죠." 장자가 말했다. "어서 돌아가시오. 나도 진흙 속에서 꼬리를 끌며 살겠

소." 「추수」

「열어구」에 비해 「추수」 편은 보다 구체적이고 분명한 사실을 기재하고 있다. 장자가 어떤 상황에서 초빙을 받았는지, 그리고 두 사람의 사자를 보낸 것과 보낸 사람이 초나라 왕이라는 점까지 분명하게 서술되어 있다. 또한 앞의 이야기와 달리 삶과 죽음이라는 가장 중요한 긴장 관계가 명시적인 표현으로 드러나 있다. 진흙으로 얼룩진 진창 같은 삶이라 하더라도 제 맘대로 살 수 있는 삶을 선택하지 죽음이 뻔히 보이는 성공과 출세를 택하지 않겠다는 결연한 표현이다. 그리고 장자는 죽음을 버리고 삶을 선택하겠다는 의지를 표명한다.

이렇게 우리가 알고 있는 장자의 얼굴은 처음부터 분명한 모습으로 나타난 것이 아니라, 역사의 변화 속에서 점차적으로 형성된 것이다. 따라서 장자의 얼굴은 한 역사적 개인의 모습이 아니라 시대의 흐름에 따라 변모해 가는 지식인의 인식 변화를 반영하는 것으로 보아야 한다. 그리고 이렇게 진화하는 장자 이야기는 『사기』의 서술에서 일단락된다.

사마천의 장자상,
유가의 비판자

앞의 두 이야기에 비해 『사기』 「노자한비열전」
에 나오는 '장자열전'의 이야기는 훨씬 풍부한 맥락과 배경을 제시
하면서 재미와 사실성을 더해 준다.

장자는 몽현 사람으로 이름은 주周이다. 그는 일찍이 몽현의 칠원
이라는 곳에서 벼슬아치 노릇을 했으며 양혜왕, 제선왕과 같은 시대
사람이다. 그의 학문은 넓어 통하지 않은 것이 없었는데, 그 학문의
요체는 근본적으로 노자의 학설로 돌아간다. 십여만 자에 이르는 그
의 책은 대부분 우화들이다. 그는 「어부」, 「도척」, 「거협」 편을 지어
서 공자 무리를 호되게 비판하고 노자의 가르침을 밝혔다. 외루허,
항상자 같은 이야기는 모두 꾸며 낸 이야기로서 사실이 아니다.

— 사마천, 『사기 열전』

우선 열전의 기술 방식에 따라 그에 관한 일반적인 사항들이 묘사된다. 그의 출신지와 이름 그리고 벼슬의 이력을 간단히 소개하고, 그가 당시 천하에서 가장 유력한 제왕이었던 위나라의 혜왕, 제나라의 선왕과 동시대인임을 지적하여 사실성을 더한다. 그러고 나서 장자의 학문이 연원으로 보면 결국 노자의 학설과 요지를 같이한다는 평가와 함께 그의 박학다식함을 칭찬하는 내용이 덧붙여진다.

사마천이 기재하고 있는 장자의 저술을 보면 오늘날 우리가 보는 『장자』와 다른 것임을 알 수 있다. 오늘날 우리가 보는 『장자』에 「어부」, 「도척」, 「거협」은 있으나 「외루허」, 「항상자」는 들어 있지 않다. 이것들은 유실되었다고 보는 시각도 있고, 지금 우리가 보는 편들 속에 섞여 들어갔다고 보는 시각도 있다. 어쨌든 『장자』라는 책이 우리가 알고 있는 것과 같지 않다는 점은 분명하다.

또 다른 주목할 내용은 장자가 공자를 따랐던 무리를 비판하고 노자의 가르침을 밝혔다는 내용이다. 실제로 20세기 철학사의 해석은 이러한 입장을 적극적으로 받아들여 왔지만 최근 많은 학자들은 이러한 생각을 따르지 않는 경우가 많다. 『노자』와 『장자』의 사상이 다르다는 것이다. 따라서 우리가 흔히 '노장'이라 부르는 사상은 『장자』를 해석하는 한 가지 중요한 시각이지, 유일한 해석 방식은 아니다.

그런데 그 뒤에 이어지는 서술은 자체로 모순적이며 신빙성이 떨어진다.

장자는 책을 지음에 빼어난 문사로 세상일을 살피고 인간의 마음에 어울리는 비유를 들어 유가와 묵가를 예리하게 공격했다. 당대의 학문이 무르익은 위대한 학자들도 장주의 공격을 벗어나지는 못했다. 그의 말은 거센 물결처럼 거침이 없이 생각대로 펼쳐졌으므로 왕공王公이나 대인大人들에게 등용되지 못하였다.

초나라 위왕威王은 장주가 현명하다는 말을 듣고 사신을 보내 많은 예물을 주고 재상으로 맞아들이려고 했다. 그러나 장주는 웃으며 초나라 왕의 사신에게 이렇게 말했다.

"천금은 막대한 이익이고 재상이란 높은 지위지요. 그대는 교제郊祭를 지낼 때 희생물로 바쳐지는 소를 보지 못했소? 그 소는 여러 해 동안 잘 먹다가 화려한 비단옷을 입고 결국 종묘로 끌려 들어가게 되오. 이때 그 소가 몸집이 작은 돼지가 되겠다고 한들 어찌 그렇게 될 수 있겠소? 그대는 빨리 돌아가 나를 욕되게 하지 마시오. 나는 차라리 더러운 시궁창에서 노닐며 즐길지언정 나라를 가진 제후들에게 얽매이지는 않을 것이오. 죽을 때까지 벼슬하지 않고 내 마음대로 즐겁게 살고 싶소."

—— 사마천, 『사기 열전』

　처음 「열어구」에서는 '누군가(或)'라고 막연하게 지칭되었던 초빙의 주체가 「추수」에서는 초나라 왕이라고 하더니, 『사기』에 이르러서는 초나라 위왕이라는 구체적인 왕의 명칭이 등장하고, 초빙의 상황을 보다 분명하게 제시한다. 사실성을 강화하려는 의도가 점점 더 반영되고 있는 것이다. 그리고 장자가 유가와 묵가를 비판하는 태도를 취했다는 대립을 언급하고 있다. 사실 이것은 『장자』의 내용에 바탕한 것이기도 하지만, 동시에 한나라 초기의 유가와 도가의 대립 구도가 반영된 것으로 보는 것이 더욱 타당할 것이다.

　가장 중요한 변화는, 「열어구」에서는 없었던 의지의 표현이 「추수」에서는 "진흙 속에서 꼬리를 끌며 살겠"다는 구체적 의지 표명으로 바뀌고, 『사기』에 이르면 "차라리 더러운 시궁창에서 노닐며 즐길지언정 나라를 가진 제후들에게 얽매이지는 않"겠다고 그 의미가 아주 명확해진다. 바로 이 지점에서 장자 이야기의 진화는 그 역사적 의미가 분명하게 드러난다. '제후'로 옮긴 표현은 '유국자有國者'이다. 이 말은 오늘날 정치와 행정에 종사하는 사람을 일컫는 '위정자'와는 의미가 다르다는 점을 보여 준다. 즉 벼슬한다는 것은 공직에 나아가는 것이 아니라 특정 개인의 가신家臣이 되는 것이었다. 장자는 가신이 되어 허수아비나 장난감으로 살지 않겠다는 의지를 표현한 것이다.

더 나아가 장자는 죽을 때까지 벼슬하지 않겠다고 말하는데, 이 말은 당시의 사회에 비추어 볼 때 상당히 커다란 의미를 갖는다. 장자가 살던 시대에는 벼슬을 하지 못한 '사士'가 많았다. 하지만 벼슬하다는 뜻의 한자가 '사仕'이듯이 기본적으로 '사'는 벼슬을 통해 생계를 유지하는 계층이고, 벼슬하는 사람들을 당시에는 '신臣'이라 하였다. 그런데 장자는 이것을 거부한 것이다.

이는 장자가 처한 사회 속에서 자신의 근본적인 존재 방식을 새롭게 규정하려는 의지의 표현이다. 바로 이것이 그 이후 전개되는 '장자 사상'의 강력한 주제라고 보아도 무리가 없을 듯하다. 이러한 방식으로 진화한 장자 이야기에서, 장자의 삶의 선택은 벼슬에 나아가지 못한 자, 벼슬을 떠난 자, 벼슬에서 추방당한 자들의 삶을 정당화하는 중요한 논거가 되고 더 나아가 그와 다른 삶을 창조하는 근거로 쓰이게 된다는 것이 중요하다.

이렇게 우리가 상식적으로 알고 있는 장자의 얼굴은 한 사람의 얼굴이 아니라, 당시 사회를 살아가던 지식인, 즉 '사' 계급이 처한 역사적 현실에 따라 자신의 삶과 관련해 스스로를 어떻게 이해하고 규정하고자 했는가가 변화한 모습을 보여 준다. 그런 의미에서 보면 『장자』가 전통 사회에서 내내 지식인들의 사랑을 받았던 까닭 또한 여기서 찾아져야 할 것이다.

"죽을 때까지 벼슬하지 않고 내 마음대로 즐겁게 살고 싶"다는 강력한 삶의 의지의 표현은 막연한 정신적 자유의 차원이 아니라, 사회의 제도와 삶의 양식을 바꾸어야 가능한 구체적인 자유의 의미들을 포함하고 있기 때문이다. 오늘날 우리가 아는 장자는 『사기』 '열전'에 등장하는 장자이다. 『장자』에 등장하는 수많은 일화들은 바로 이렇게 형성된 '장자' 모델을 통해 걸러지고 변조되면서 읽혀 온 것이다. 그리고 이러한 '장자상'은 「소요유」나 「제물론」을 해석하는 중요한 틀로 기능한다. 우리가 아는 '장자'는 바로 이렇게 만들어졌으며, 이러한 '장자상'을 중심으로 하는 것이 '노장 전통老莊傳統'이다. 이것이 우리가 아는 '장자'의 역사적 정체이자 그 형성 과정이다.

전통 사회 지식인(士)의
낭만과 현실

사마천은 왜 '장자'를 이런 인물로 부각시켰을까? 어떤 학자는 사대부로서 거세되는 궁형의 치욕을 당하여, 살아 있어도 살아 있는 것이 아닌 사마천의 처지에서 비롯된 것이라 보기도 한다. 그런 치욕을 당하고 정치에 대한 환멸감을 지닌 사마천이 빚어낸 장자의 모습이라는 것이다. 그러므로 『사기』를 통해 드러난 장자는 정치적 무관심과 환멸, 탈정치, 탈속 등으로 형상화된다.

과연 장자가 정말 그랬을까는 아무도 알 수 없다. 『장자』에는 벼슬을 마다한 장자보다 더 심한 행동을 보이는 은자들의 이야기가 나온다. 그 가운데 가장 유명한 이야기의 주인공은 허유許由이다.

요堯임금이 허유에게 천하를 물려주려고 하면서 다음과 같이 말하였다. "해와 달이 돋아 세상이 환하게 밝아졌는데도 횃불이 꺼지지 않고 있는 것은 그 빛을 밝힘에 또한 공연히 어렵기만 한 것이 아니겠습니까. 때맞추어 단비가 내리는데도 여전히 물 대는 일을 계속하는 것은 그 논밭을 윤택하게 함에 또한 공연히 수고롭기만 한 것이 아니겠습니까. 선생께서 천자의 자리에 오르시면 곧 천하가 잘 다스려질 터인데 그런데도 내가 아직도 천하를 맡아 가지고 있으니, 내 스스로 돌이켜 보아도 만족할 수가 없습니다. 청컨대 천하를 바치고자 하니 맡아 주기 바랍니다."

허유가 말하였다. "그대가 천하를 다스려 천하가 이미 잘 다스려지고 있는데, 그런데도 내가 오히려 그대를 대신한다면 나더러 장차 (천자라는) 명예를 구하라는 것인가요. 명예라고 하는 것은 실질의 손님이니, 그러면 나더러 장차 손님이라고 하는 (비본질적인) 것이 되라는 것인가요. 뱁새가 깊은 숲 속에 둥지를 짓고 살 때에 (필요한 것은 숲 속 전체가 아니라) 나뭇가지 하나에 지나지 않고, 두더지가 황하의 물을 마실 때에 (필요한 것은 황하의 물 전체가 아니라) 자기 배를 채우는 데 지나지 않습니다. 돌아가 쉬십시오, 임금이시여. 나는 천하를 가지고 할 일이 아무것도 없습니다. 게다가 (제사 때) 숙수가 음식을 잘못 만든다고 해서 시축이 술 단지나 제사상을 뛰어 넘어가서 숙수 일을 대신하지는 않는 법입니다." 「소요유」

초나라 왕이 재상 자리에 초빙한 것을 거절한 장자처럼, 요임금과 허유는 황제의 자리를 서로 양보한다. 요임금은 허유에게 천하를 물려주려고 하면서 자신은 횃불에, 허유는 해와 달에 비유한다. 허유와 같이 큰 덕을 지닌 사람이 있는데, 자신같이 작은 덕을 지닌 사람이 세상을 다스리는 것은 가당치 않다고 말한다.

그러자 허유가 답한다. 지금 천하가 잘 다스려지고 있는데 무슨 말을 하느냐면서 뱁새와 두더지의 비유를 든다. 명예(名)는 실질(實)의 손님이다. 뱁새가 깊은 숲 속에 둥지를 짓고 살 때 필요한 것은 나뭇가지 몇개에 지나지 않으며, 두더지가 황하의 물을 마시고자 할 때에는 단지 몇모금의 물만 필요하다. 게다가 자신은 천하를 가지고 아무런 할 일이 없다고 한다. 허유는 사양을 하고 떠난다.

허유는 직접 요임금의 청탁을 받았으나 거절하였다. 그런데 무광務光이나 신도적申徒狄 같은 이는 더욱 해괴한 행동을 한다. 신도적은 심지어 왕이 찾아가기도 전에 물에 빠져 죽어 버린다.

송의 성문인 연문 가까이에 어버이가 죽은 자가 있었다. 이 사람이 상례의 법도를 충실히 지켜 몸이 비쩍 마른 것으로 칭찬 받아 나라로부터 작위를 받아 관리가 되었다. 그랬더니 그 고을 사람들 중에서 (무리하게 굶어서) 비쩍 말라 죽은 자가 반이나 되었다고 한다. 요임금이 허유에게 천하를 주려 하자 허유는 그 말을 듣고 도망하였고, 탕임금이 무광에게 천자의 지위를 주려 하자 무광은 더러운 이야기를 들었다고 노하였다. 그랬더니 기타紀他는 그 이야기를 듣고 난 뒤 (특별히 부름을 받지도 않았는데) 제자들을 이끌고 관수의 물가에 몸을 숨겼다. 그랬더니 제후들이 그를 일부러 찾아가 위문했는데 3년 뒤에 신도적은 그것을 구실로 삼아 황하에 몸을 던져 죽어 버리고 말았다. 「외물」

허유의 이야기는 정치에 대한 혐오나 덕에 대한 양보라는 측면에서 어느 정도 이해가 가능하다. 그러나 무광이나 신도적의 행동은 황당무계해 보인다. 과연 이들은 정말 관직이 싫어서 이런 행동을 한 것일까? 싫으면 하지 않으면 되지 자신을 찾아오지도 않았는데 먼저 자살까지 했다는 이야기는 어떤 식으로 이해해야 하는가?

장자의 이야기를 전통 지식인 사士가 역사 시기 내내 고민했던 진퇴進退의 문제로 이해하는 것은 그다지 어렵지 않다. 황제 지배 체제의 사회구조 안에서 지식인의 출사出仕는 유일한 생존의 돌파구였다. 하지만 유일한 돌파구가 늘 제대로 열려 있던 것은 아니다.

예컨대 송나라의 경우는 좋은 사례가 된다. 북송 시대에는 거듭된 전란으로 혼란스러웠지만 통일 후에는 지방에까지 관리를 파견하면서 중앙 통치가 확장되어 갔다. 따라서 많은 관리가 필요했기 때문에 지식인이 과거 시험을 보고 관직에 진출하는 것이 비교적 용이했다. 하지만 남송 시대에 접어들어 중원中原을 요나라와 금나라에게 빼앗겨 영토가 반으로 줄자 필요한 관리의 수도 감소해서 늙어 죽을 때까지 출사하지 못하는 수험생이 늘어나게 된다.

이렇게 되자 사대부 가문에서도 대서소를 하거나 서당 훈장을 하며 생계를 유지하는 일이 생겨난다. 즉 벼슬에 나아가 왕을 보좌하여 왕도 정치를 실현하는 사명을 지닌 유학자가, 전통적으로 천시하던 일을 하게 된 것이다. 이러한 상황은 유학의 이념까지 바꾸어 놓는다. 정이程頤와 주희朱熹 같은 학자들은 이제 왕을 설득해서 성왕聖王이 되도록 만드는 것만이 사명이 아니라 내(사대부)가 직접 지역의 백성들을 교화하고 성인이 되어 '도'를 행할 수 있다고 말하기 시작했다.

나아가 직업에 대한 가치관과 의미 또한 바뀌게 된다. 유학자는 오로지 학문을 연마하고 덕을 쌓아서 입신양명하는 것이 유일한 길이었는데, 남송 시대에 이르러 벼슬길이 좁아지자 대서소나 의원을 하거나 서당 훈장을 하며 인재가 될 아이들을 키우는 일도 의미가 있다고 생각이 바뀐 것이다. 달리 말해 유학자가 벼슬 이외의 다른 분야로 진출하여 유학의 도를 펼칠 수 있다는 인식이 싹튼 것이다.

송宋나라 이후에는, 왕을 보좌하여 태평성대를 연다는 유가의 정신을 그대로 잇기도 하지만, 다른 한편으로는 스스로가 도의 주체가 되어 천하에 백성을 구제하고 도를 실현할 수 있다는 새로운 이념으로 바뀌어 감을 보여 준다. 결국 이것은 사대부라는 신분에게는 현실적으로 진퇴의 문제가 가장 중요한 사회적 압력이었음을 보여 주는 것이기도 하다.

전통 사회의 사대부에 대해 낭만적 상상을 갖기보다 역사적 현실 속에서 파악할 때 『장자』는 보다 구체적으로 이해될 수 있다.

장자,
유가인가 도가인가?

어떻게 나아가고 물러설 것인가, 나아갈 만한가 물러서 있어야 하는가 라는 진퇴의 문제는 사대부의 삶에서 가장 중요한 문제였다. 노나라의 실력자 양호가 반란을 획책하며 공자에게 벼슬을 해야 하지 않겠느냐고 하자, 공자는 '벼슬을 하긴 할 것'이라고만 대답한다. 즉 벼슬을 하긴 하겠지만 네 밑에서 하지는 않겠다는 답변이다. 벼슬하지 않겠다는 말은 사士로서 자기의 존재를 부정하는 행위이기 때문에 할 수가 없는 답변이었다. 하지만 사대부로서의 의무를 저버리지 않으면서 양호의 밑에서는 벼슬할 수 없다는 답변을 공자는 하기는 할 것이라고만 말한 것이다.

출사出仕, 즉 벼슬에 나아가 자신의 도를 실행하는 것은 신분제 사회에서 사士가 행해야 하는 당연한 의무이자 유일한 직업이었다. 그런데 장자가 살았던 전국시대의 삶은 사대부의 그런 선택을 매우 위태로운 상황으로 만들었다. 수십여 개의 제후국이 몇개의 나라로 통합되면서 자연스럽게 신분에 따라 벼슬에 나아가는 사회적 조건은 사라졌다. 또한 당시 사회에서는 세습을 통해 권력이 이양될 때 가장 평화적인데, 한 나라가 다른 나라에 정복되거나 찬탈을 통해 권력이 넘어갈 때 군주를 모시던 신하인 사는 군주와 더불어 살고 죽는 숙명을 감수해야만 했다.

앞서 살펴본 장주라는 인물의 삶은 이러한 상황과 관련이 깊다. 장주가 벼슬을 거부했다는 단편적 일화는, 벼슬을 거절했다는 사실의 기술에서 점점 발전하여 벼슬에 나아가는 것 자체가 희생양이 되는 것에 지나지 않으며 차라리 시궁창에서 살더라도 자신의 삶을 향유하는 쪽을 택하겠다는 강한 주장으로 발전해 간다. 이러한 장주 이야기의 진화 과정은, 전국시대에 이르러 천하를 통치하는 일에 나아가느냐 혹은 초야에 묻혀 자신의 삶을 살아가느냐는 일종의 자율성에 대한 외침으로 읽혀진다.

달리 말하면 장주의 이야기는 공자가 양호에게 했던 답변이 역사와 더불어 변화해 간 모습을 보여 주는 것이기도 하다. 여기서 과연 장자가 유가인가 도가인가 하는 물음에 다시 직면하게 된다. 정치와 윤리를 통해 세상을 바꾸어야 한다는 생각이 유가의 사상이고, 이와 달리 정치의 비정함과 윤리의 억압성에 저항한 사상을 도가라고 한다면, 『장자』의 사상이 도가에 속한다는 분류는 지금까지 한 이야기와 모순되기 때문이다. 하지만 이런 방식으로 『장자』를 보는 것이 바로 20세기 철학의 주된 경향이라고 본다면 문제는 달라지게 된다.

우리는 보통 장자를 몇가지 우화를 통해 전체인 것처럼 받아들이는 경향이 있다. 즉 노자와 장자가 마치 하나의 이론을 공유한 사상인 것처럼 생각하는 것도 그러한 선택에 의한 산물이다. 하지만『장자』전편을 통해서 노자가 언급되는 경우보다 공자가 등장하는 횟수가 더 많다는 단순한 사실은 무시되어 왔다. 오히려 한유와 소식 등 당나라 이래 많은 유학자들은 장자가 공자를 잇는 사상가라고 보았고, 특히 안회 계열의 제자라는 주장을 하기도 했다. 우리가『장자』를 읽고 이해하는 시각과 매우 달랐음을 알 수 있다.

그렇다면 이제 장자가 도가인가 유가인가 하는 도식적인 철학사적 평가와 달리 텍스트 그 자체에 주목해 읽을 필요가 있다. 어떤 문헌이든 그 책이 갖는 사상적 성격은, 저자가 누구인가뿐만 아니라 독자가 누구인가에 따라 달라질 수 있다. 동아시아 역사상『장자』를 열심히 애독한 사람들 가운데에는 도사와 불교의 승려 들도 있었지만 이보다 훨씬 많은 유학자들이 있었음을 놓쳐서는 안 된다. 조선 후기에 박지원 같은 문인의 문장에는 장자의 흔적이 역력한데, 장자의 표현을 이용했다고 해서 박지원이 도가 사상가가 되는 것은 분명 아니다. 오히려『장자』가 문인이나 사대부의 삶에서 어떤 의미와 역할과 가치를 갖는지를 이해해야 하며, 또한 그들이『장자』를 주석하거나 해석하면서 삶의 어떤 측면을 보여 주고자 했는지를 살펴야 한다.

이렇게 학파나 유파에 대한 평가보다 삶의 측면에서 『장자』를 보려는 시각은 최근 중국에서도 중요한 관점으로 부상하고 있다. 예컨대 중국의 도가 연구자 왕보는 전통적인 문인文人 식의 해석을 빌어 이렇게 말한다.

유가와의 대비를 통해 우리는 장자의 냉엄함을 알 수 있다. 우리는 다음과 같은 그 유명한 비유를 생각할 수 있다. 즉 이웃집에 불이 났을 때 아무 도움도 되지 않는 물 한 통을 가지고 가서 뿌려야 하는가, 마는가 하는 것이다. 공자는 물론 뿌려야 한다는 쪽이다. 이것은 하나의 태도일 뿐만 아니라 동정심의 표현이다. 그가 추구하는 것은 마음의 안정이지, 실제의 결과가 아니다. 장자는 그렇지 않다. 물 한 통으로는 아무 도움이 되지 않는다는 사실을 알았을 때 그는 물을 자기 집에 그냥 둘 것이다. 장자는 냉엄하다. 이 차가움은 '무정無情'을 부른다. 이에 비해 유가는 열정적이다. 그 뜨거움은 측은함을 잊지 못하게 하고 아울러 다른 사람에게까지 미치기를 끊임없이 요구한다.

— 왕보, 『장자를 읽다』

이 글에서 유가와 도가는 철학 체계로서 학파의 의미라기보다는 삶의 태도에 가깝다. 지난 20세기 내내 유가와 도가, 아큐-보수 반동, 유물론-관념론, 주관-객관 등의 틀로 장자 철학을 해석해 왔던 시선에서 보면 상당한 변화를 보여 준다. 공자가 열정적인 삶의 대변자로 표현된다면 장자는 무정하고 냉철한 삶의 태도를 지닌 인간으로 묘사된다. 왕보의 견해는 오늘날의 시각에서 보면 매우 신선한 것처럼 생각될 수도 있겠으나, 전통적인 시각에서 본다면 식상한 이야기에 지나지 않는다.

그러나 이런 식의 식상한 이야기가 어떻게 『장자』를 읽어야 하는가에 대한 새로운 고민거리를 안겨 주고, 색다른 시야를 펼쳐 줄 것은 분명하다. 우리는 『장자』 읽기에 있어서 20세기에 만들어진 여러 가지 상식과 관념에 길들여져 있다. 그래서 앞에서 20세기에 장자가 얼마나 다양하게 평가되어 왔는지를 제시한 후, 우리가 장자를 매우 유쾌하게 읽는 것처럼 보이지만 그것이 오히려 슬픈 이야기들이라는 점을 지적하며 책을 시작하였다. 이는 우리가 처한 삶의 현실을 지적한 것이다. 『장자』 텍스트에는 유쾌한 이야기들이 가득한데 우리는 슬프게 읽으면서 마치 그것이 유쾌한 것처럼 착각을 하고 있는 것은 아닐까에 대한 반성이기도 하다.

유쾌한 척하지만 사실은 슬픈 장자를 만나느냐, 슬프지만 정작 유쾌한 장자를 만나느냐 하는 것은 『장자』라는 텍스트에 달린 문제가 아니다. 그것은 우리가 『장자』를 어떻게 읽느냐 하는 문제와 관련되며 나아가 우리의 삶을 어떠한 태도로 대하는가에 달린 문제이기도 하다. 우리는 다음 장에서 그러한 삶의 태도로서 『장자』를 이용했던 현대판 문인 전통 속의 장자를 마주하게 될 것이다. '아Q'는 소설가가 창조한 가공의 인격이지만, 그 이름에는 20세기 중국의 역사가 지닌 유쾌함과 슬픔이 짙게 배어 있다. 그러한 정감을 깊이 체득할 때 우리 나름의 『장자』 읽기를 새롭게 끄집어낼 수 있을 듯싶다.

आत Q

आव Q

पप Q

4
20세기 중국의 아Q와 『장자』

루쉰의 아Q,
현대 중국인의 자화상

　　　　　　　　20세기 중국에서 장자라는 인물은 어떤 얼굴을 하고 있었을까? 아마도 대표할 만한 장자의 얼굴은 아Q일 것이다. 루쉰의 소설 「아Q정전」은 1921년 12월에 발표되어 나왔다. 한국에서는 90년대에 대학 입학 논술 시험에 출제되면서 더욱 유명한 작품이 되었다. 물론 소설의 주인공 아Q와 장자가 직접적 연관이 있는 것은 아니다. 하지만 20세기 후반부 중국에서는 이 둘의 관계가 매우 중요한 의미를 갖는다.

　예컨대 20세기 중국을 이해하기 위해 반드시 알아야 하는 사람은 마오쩌둥(모택동毛澤東)이다. 그러나 우리는 마오쩌둥에 대해 읽는 경우가 별로 없기 때문에 현대 중국을 잘 이해하기가 쉽지 않다. 달리 말해 마오쩌둥을 이해하지 못하면서 중국을 이해하려 한다는 것은, 공자와 『논어』를 읽지 않으면서 전통 시대 중국에 대해 이해하

고자 하는 것과 다를 바 없다. 「아
Q정전」은 현대 중국과 그 새로운
중국을 낳은 오사(5·4) 운동을 이
해하기 위해 반드시 읽어야 하는
소설이다. 그리고 「아Q정전」은 현
대 중국의 '장자' 이해와도 긴밀하
게 연결된다.

「아Q정전」의 저자 루쉰.

　「아Q정전」은 '아Q정신' 혹은 '정
신적 승리법'이란 말로 잘 알려져
있다. 주인공 아Q는 한마디로 족보가 알려져 있지 않은 사람으로
묘사된다. 혈통과 출신을 중시하는 전통적 사고방식에서는 있을 수
없는 일이다. 하지만 누구인지 말할 수 없다는 그 익명적 성격은 당
시 모든 중국인을 대변하기도 한다. 그래서 루쉰이 그려낸 아Q라는
인물은 20세기 초반 중국인의 자화상으로 보아도 무방하다.

　소설의 설정에 따르면 본래 아Q가 예전에는 잘살았고, 견식도 높
았다고 한다. 하지만 그에게는 치명적인 콤플렉스가 있었는데, 머
리 부분에 나두창 자국이 있어서 모습이 흉측하다는 점이었다. 사
람들이 나두창 자국으로 머리가 없는 것을 놀리거나, 말하는 중에
'반짝인다', '환하다' 등만 나와도 그는 이성을 놓고 말 정도였다.
그래서 그런 표현을 하는 것은 일종의 금기였다.

　중요한 것은 아Q가 이런 놀림을 받았을 때의 행동이다. 그는 이

때 이른바 '노려보기주의'를 사용하곤 했다. 사람들이 무심코 또는 의식으로 금기를 범하면 아Q의 행동은 노려보는 것이었다.

금기를 범하면, 알고 그랬건 모르고 그랬건, 아Q는 부스럼 자국을 온통 붉히며 화를 냈는데, 상대를 평가해 보고서 어눌한 자 같으면 욕을 했고 힘이 약한 자 같으면 때렸다. 그러나 어떻게 된 일인지 아Q가 손해를 보는 때가 많았다. 그래서 그는 차츰 방침을 바꾸어 대개는 화난 눈으로 노려보기로 했다.

아Q가 노려보기주의主義를 채용한 뒤로 웨이주앙의 건달들이 더욱 더 그를 놀려 댈 줄이야 누가 알았겠는가.

— 루쉰, 「아Q정전」

묘사된 아Q의 일상은 마을의 별 볼일 없는 부랑아가 겪을 수 있는 일이라고 생각할 수도 있다. 하지만 소설의 주인공 아Q를 중국인의 얼굴로 생각하면, 비열하고 패배주의적이고 못난 사람들이 벌이는 행태를 빗댄 날카로운 비판인 것이다. 당시 중국은 일본과의 굴욕적인 조약에 반대하며 학생운동이 일어나던 때여서, 19세기 아편전쟁 이래 중국 조정이나 정부가 서구와 일본 등의 외세에 대하는 태도를 가혹하게 비유하며 비판한 것이다.

특히 오사 신문화 운동은 중국과 일본의 굴욕적인 조약에 반발한 북경의 대학생이 촉발하여 일어난 사건이었다. 이런 분위기를 반영하여 중국의 지식인들은 근대라는 새로운 세계에서 전통이 갖는 의미를 근원적으로 반성하기 시작했다. 루쉰은 「아Q정전」 전에 발표한 단편소설 「광인일기」에서 유교를 '식인교', 즉 사람 잡아먹는 가르침이라고 표현했다. 전통을 긍정적으로 보는 시각이 근본적으로 전환되고 있음을 보여 주는 중요한 기준이 된다.

아Q의 '노려보기주의'는 말도 재미있지만 지금도 여러 가지로 생각해 볼 점이 많은 표현이다. 아Q가 건달들에게 놀림받고 매를 맞는 장면은, 중국이 아편전쟁 이후 계속 전쟁에 패하면서 침략당하고 게다가 굴욕적인 불평등 조약을 맺고 배상금을 물어 온 현실을 반영한 것이다. 달리 말하면 약육강식의 제국주의 시대를 살아가면서 중국과 중국인은 강력한 외세에 두드려 맞으면서도 오로지 '노려보기'만 했다는 의미이다. 이에 더해 루쉰은 중국인이 갖고 있는 놀라운 비법을 소개하는데, 바로 '정신 승리법'이다.

건달들은 그것으로 끝내지 않고 계속 그를 놀려 댔고, 그러고서 마침내는 때리기까지 했다. 아Q는 형식상으로는 패배했다. 놈들은 노란 변발을 휘어잡고 벽에 그의 머리를 너덧 번 쿵쿵 짓찧었다. 건달들은 그제야 만족해하며 의기양양하게 돌아갔다. 아Q는 잠시 선 채로, "나는 자식에게 맞은 셈 치자, 요즘 세상은 정말 개판이야……"라고 생각했다. 그러고 나서는 그도 만족하며 의기양양하게 돌아갔다.

아Q가 마음 속으로 생각한 것을 나중에 하나하나 다 입 밖으로 말했기 때문에 아Q를 놀리던 사람들은 그에게 일종의 정신상의 승리법이 있다는 것을 거의 다 알게 되었다.

— 루쉰, 「아Q정전」

아Q가 지닌 정신 승리법은 놀라운 기술이다. 남에게 몰매를 맞고서도 스스로의 자존심을 세우는 놀라운 방법! 19세기 말부터 중국에는 그런 놀라운 기술이 있었다. 그것을 사람들은 '중체서용中體西用'이라고 불렀다. 중체서용이란 서구의 강력한 무기 앞에 전쟁에 패하자 서구의 과학기술을 받아들여 무기와 대포로 무장한 강한 나라가 될 것을 외치면서도, 오로지 정신과 문화만은 유학의 가르침을 버릴 수 없다는 논리를 말한다. 이것을 루쉰은 단지 외세를 노려보면서 스스로의 정신과 문화는 위대하다 말하는, 그야말로 우스꽝스러운 정신의 승리법이라고 부른 것이다.

이 정신 승리법의 비법은 나날이 발전한다. 어느 날 건달들에게 굴욕적인 시달림을 당하던 아Q에게 횡재가 찾아왔다. 아Q가 살던 마을 웨이주앙에 커다란 제사가 있었는데, 그날 밤 노름판에서 아Q가 큰돈을 따게 된 것이다. 그런데 갑자기 뭇매가 날아들고 아Q는 매를 피하느라 집으로 정신없이 도망을 간다. 잠시 뒤 정신을 차려 보니, 실컷 두들겨 맞은데다 돈까지 모두 잃어버린 상황이었다. 비로소 아Q는 고통스러운 심정이 들게 된다. 그러나 이것도 잠시 아Q

는 그 정신 승리법으로 패배를 곧 승리로 바꾸어 놓는다.

하얗게 반짝이는 은전 더미! 더구나 자기 것이었는데―지금은 없어져 버린 것이다! 자식이 가져간 셈 치자고 해도 여전히 마음이 개운치 않았다. 자기를 벌레라고 해보아도 역시 마음이 개운치 않았다. 그도 이번에는 실패의 고통을 조금 느꼈다.

그러나 그는 금세 패배를 승리로 바꾸어 놓았다. 그는 오른손을 들어 자기 뺨을 힘껏 연달아 두 번 때렸다. 얼얼하게 아팠다. 때리고 나서 마음을 가라앉히자 때린 것이 자기라면 맞은 것은 또 하나의 자기인 것 같았고, 잠시 후에는 자기가 남을 때린 것 같았으므로―비록 아직도 얼얼하기는 했지만―만족해하며 의기양양하게 드러누웠다.

그는 잠이 들었다.

―― 루쉰, 「아Q정전」

루쉰의 이야기는 참으로 기가 막힌 비유이다.

이런 정신적 승리를 거둔 뒤 마을 뒤편 암자에 사는 비구니를 놀려 먹고 두 번째 승리감을 느끼고, 부랑자처럼 보이는 자에게 말싸움을 해서 다시 승리감을 느끼기도 한다. 루쉰의 이런 설정들은 19세기 말에서 20세기 초반 중국에서 일어난 일을 압축해서 보여 준 것이다. 여기서 루쉰이 말하는 '정신적 승리법'과 장자의 사상에서 종종 이야기되는 '정신적 자유'를 함께 생각해 볼 필요가 있다.

동포와 산하가 외세의 군홧발에 짓밟히고, 가족이 굶어 죽는 상황에서도 중국은 여전히 스스로 위대하다고 하며 '중체서용'과 같은 헛소리를 해 왔다. 루쉰은 그런 망상을 집어치우고 혁명의 전쟁으로 나아가 역사를 바꾸고 민중을 위한 나라를 세우자는 메시지를 '정신적 승리법'이란 말 속에 담고 있는 것이다. 마찬가지로 장자의 '정신적 자유'는 진정한 자유가 아니라 몽상이며, 아Q와 같은 비굴한 삶을 자초하는 허황된 소리라는 강력한 비난으로 해석할 수 있다.

실제로 1950년대에 관펑은 철학사가 펑유란(풍우란馮友蘭)에게 '너에게는 아직도 아Q주의가 남아 있다.'는 비판을 하는데, 이때의 아Q주의는 바로 루쉰이 말하고자 했던 의미를 그대로 담고 있다. 관펑은 장자와 아Q를 함께 말하면서, 장자가 말하는 '정신적 자유'는 진정한 자유가 아니라 그 시대의 비관주의, 즉 아Q와 같은 정신 상태를 그럴듯하게 포장한 것에 불과하다고 하였다.

궈모뤄의 장자,
일그러진 영웅

　　20세기 중국에서 '장자'라는 인물과 사상은 루쉰이 창조한 인물 '아Q'에 가장 가깝다. 물론 장자를 염두에 두고 쓴 것은 아니지만 루쉰이 그려 낸 아Q정신 혹은 아Q주의는 나중에 장자와 연결된다. 그런데 루쉰과 달리 직접 장자를 소재로 소품문학을 남긴 학자가 있는데 그가 궈모뤄(곽말약郭沫若)다. 루쉰과 궈모뤄 모두 일본에 가서 의학을 공부하였다. 궈모뤄는 다른 여타 사회주의자와 달리 일본 유학 중에 자발적으로 좌익이 되었다. 1978년에 사망한 궈모뤄의 영향력은 중국의 수많은 문화 유적 곳곳마다 그의 글씨가 걸려 있는 것을 보면 쉽게 알 수 있다.

　궈모뤄는 본래 역사학자이자 사상가로서 다양한 저술을 남겼지만 장자와 관련한 중요한 작품은 『역사소품』이다. 이 책에는 역사적인 소재들을 활용하여 쓴 단편소설이 실려 있는데, 그 가운데 「장자, 송나라를 떠나다」가 장자를 소재로 한 작품이다. 두 개의 이야기로 구성되어 있는데, 전반부는 장자가 처와 사별한 후 가난한 삶을 꾸려 가는 모습을 조소하듯 그리고 있으며, 후반부는 혜시를 만나러 갔다가 벌어지는 해프닝을 중심으로 하고 있다. 전체적으로 『장자』 속의 여러 이야기들을 풍자하고 있다.

「장자, 송나라를 떠나다」의 첫 부분은 이렇게 시작한다.

　장주는 처와 사별하자 곧 칠원 땅에서 어쩔 수 없이 하고 있던 하찮은 하급 관리 직업을 집어치웠다. 그러자 그의 제자들도 바람에 밀려가는 구름처럼 어디론가 사방으로 흩어져 가버렸다.

　그는 송나라로 돌아가서는 인적도 없는 한지에서 초라한 살림을 시작했다. 그는 손에 조금 남아 있던 돈으로 마(麻)를 사서 미투리를 만들어 생활을 영위해 나갔다. 그러나 한편으로는 미투리를 만들면서도 동시에 우주의 생성 변화 원리에 대해 명상하는 것을 잊지 않았다.

―― 곽말약, 『역사소품』

이 소설 속의 장자는 거대한 우주와 인간의 삶에 대해 사유하는 철학자인데 부인이 시켜서 어쩔 수 없이 말단 관리직을 하며 돈벌이를 해 왔다. 그런데 부인이 죽자 바로 하기 싫은 벼슬을 집어치우고 고국인 송나라로 와서 짚신을 삼아 살면서 우주의 원리에 대해 명상하며 살았다는 것이다.
여기서 장자라는 인물은, 비
참한 현실을 살면서도 정신,
자유, 낭만 등을 쫓으며 텍
스트에 갇혀 살아가는 병든
지식인을 우스꽝스럽게 대
비시켜 보여 준다.

『역사소품』의 저자 궈모뤄.

그런데 그의 귀향이 낭만
적인 것은 전혀 아니다. 그
가 엮은 짚신을 팔려고 장에 갔을 때 짚신은 전혀 팔리지 않았다.
그 까닭은 이러하다.

당시 사람들은 대개가 비단신이나 구슬 달린 미투리를 신고 다녔
기 때문에 보통 미투리는 잘 팔리지 않았던 것이다.

이렇게 마는 그의 생활에 아무런 도움이 되질 못했지만, 마를 가
지고 일을 한다는 것에 만족하고 있었다. 저녁이 되어 누추한 집에
돌아오면 그는 즐겁게 팔다 남은 미투리를 베개로 삼고 맨바닥에서
옷도 벗지 않은 채로 드러누워 잠을 청하곤 했는데, 이럴 때면 그의
마음은 어느덧 즐거운 몽상의 나래를 펴기 시작했다. 그는 나비가 되
어 꽃들 속을 날아다닐 때도 있었고, 큰 봉황이 되어 작은 새들의 재
잘거림을 안중에 두지 않기도 했다. 그러나 눈을 떴을 때 그는 역시

미투리를 베개로 삼고 자고 있는 자신을 돌아보곤 해야 했다.

— 곽말약, 『역사소품』

소설에 따르면 장자는 짚신을 삼으면서도 딴 생각을 하고 있는 것이다. 그러니 그가 엮은 짚신이 제대로 된 것일 수 없었다. 그나마 겨우 여섯 켤레의 짚신을 들고 시장에 팔러 갔는데, 당시는 이미 비단신이나 구슬 달린 신을 신고 다닐 때라 장자의 짚신이 하나도 팔리지 않았다. 장자가 세상 물정을 전혀 모르고, 세상이 어떻게 바뀌어 가는지도 모르고 살고 있음을 말한다. 하지만 장자는 아랑곳하지 않고 이른바 정신의 자유를 누리며, 나비가 되고 커다란 붕새가 되어 날아다닌다. 주인공 장자는 세상 물정 모르는, 혹은 변화하는 세계에 적응하지 못한 비참한 지식인의 모습을 보여 준다.

계속 배가 고파 참을 수 없었던 장자는 관리를 하는 친구에게 자신이 엮은 짚신을 줄 테니 식량을 꾸어 달라고 한다. 그러나 친구가 아직 수당을 받지 못했다며 거절하려 하자, 장자는 부리나케 도망을 친다. 누군가에게 돈을 꾼다는 것은 스스로의 존재조차 짊어지지 못하는 비참한 인간을 의미한다.

친구로부터 도망 나왔지만 굶주림은 견딜 수가 없었다. 장자는 이때조차 자신의 철학적 사유를 놓치지 않는다.

그러나 잠깐 쉬고 나니까 또 배가 고파 와서 움직이려야 움직일 수가 없었다. 그때 무의식적으로 손에 들고 있던 미투리를 우적우적 씹어 먹었다. 금방 한쪽을 씹어 먹고 나자 이상하게도 그에게는 진수 성찬을 받은 기분이 되었다.

그로부터 그는 무엇보다도 좋은 버릇을 갖게 되었는데, 그것은 바로 미투리를 팔고 남게 되면 그 마 부스러기를 우적우적 씹어 대는 것이었다.

"아! 나는 참으로 진재에게 감사해야 해! 하여튼 도란 소변에도 있고, 기왓장에도 있는 거야. 그리고 마 부스러기에도 있고."

— 곽말약, 『역사소품』

친구로부터 도망친 장자는 손에 들고 있던 마를 무의식적으로 씹어 먹고, 겨우 주린 배의 허기를 채운다. 잠시 동안이지만 배가 차서 기분이 좋아진다. 그 다음부터는 짚신을 삼을 때 떨어진 마 부스러기를 씹으면서 우주의 진정한 주재자인 진재眞宰에게 감사까지 하게 된다. 그러면서 여전히 도道는 소변에도, 기왓장에도, 마 부스러기에도 있다는 것을 깨닫게 된다. 이 또한 『장자』에 나오는 이야기를 패러디한 것이다.

그 후 어느 날 장자는 낚시를 하러 갔다가 배고픔 때문에 또 다른 깨달음을 얻게 된다.

배고픔 때문에 느껴지는 몽롱함의 불길은, 자신의 몸에 걸친 찢어진 솜을 넣은 무명옷도, 손에 잡혀 늘어져 있는 미투리까지도, 다 타 버리는 것 같았다. 〔…〕 때는 마침 엄동설한으로 들어갈 무렵이라 강물은 얼어붙기 시작하였다. 몸에 걸친 것은 얇은 것이었으나 이런 불덩이를 몸속에 가지고 있었으므로 그는 조금도 춥게 느껴지지 않았다. 돈이 많은 사람들은 몹시 가난한 사람들이 추위에 잘 견딘다는 것을 모를 것이다. 그것은 그들이 이러한 불의 은혜를 받아 본 적이 없기 때문이다.

— 곽말약, 『역사소품』

"몽롱함의 불길"은 가난과 궁핍을 말하는 것인데, 작자는 장자를 상당히 측은하게 바라보고 있는 듯하다. 사실 장자가 가난하게 살았다는 사실은 60년대 문화대혁명 기간 중에도 장자를 우호적으로 바라보게 하는 근거가 되기도 했다. 그리고 뜨거운 "불덩이"란 중국의 역사를 바꾸는 민중의 혁명적 힘을 의미한다. 중국 혁명은 마르크스의 이념을 실천하는 것임을 아주 구체적으로 말하고 있다. 혁명이 중국의 더러운 현실과 궁핍, 가난에서 벗어나기 위해 시작된 것이고, 이념이란 단지 그 혁명을 이루기 위한 연료로 쓰여졌다는 것이다. 그 혁명의 불길은 바로 가난한 현실, 착취와 억압의 현실로부터 자연스럽게, 마치 허기짐처럼 저절로 우러나오는 것임을 암시하고 있다.

「장자, 송나라를 떠나다」에 나오는 장자 이야기는 장자에 대한 시비를 포함하고 있지만 후반부로 넘어가면서 그 이야기의 양상이 달라진다. 후반부에서 거듭 강조되는 것은 '인간적인 맛, 살맛'을 느끼고 싶어한다는 점이다. 그런데 그 인간적인 맛이 더러운 것이었다는 말을 남기고 송나라를 떠나면서 이야기는 끝을 맺는다. '살맛'을 장자의 일화를 통해 투영하는 것은 상당히 복잡한 심리를 반영하는 것으로 보인다. 왜냐하면 「장자, 송나라를 떠나다」를 통해 귀모뢰가 장자를 높인 것인지, 조롱한 것인지, 측은해한 것인지 구분이 모호하기 때문이다. 어쩌면 이런 모호한 모습이 진정한 장자의 얼굴에 가까운 것일지도 모른다.

혁명의 적,
자유주의와 비관주의

지금까지 루쉰과 궈모뤄의 소설에 나오는 장자의 모습을 살펴보았다. 철학과 문학 사이의 괴리를 보여 주려는 의도는 아니다. 만약 1920, 30년대 중국의 대학생에게 장자 하면 떠오르는 생각을 물으면서, 무위자연의 사상가, 자연의 옹호자이자 문명의 비판자라는 답을 기대한다면 쉽게 배반당할 것이다. 즉 우리가 알고 있는 장자에 대한 상이 중국이나 일본에서 상식적으로 알고 있는 것과 같으리라는 생각은 착각일 수 있다.

루쉰이 그려 낸 아Q의 모습이 중국의 국민성을 조소하고 풍자한 것이라면, 궈모뤄의 장자는 전통적 지식인이 변화하는 현실에서 겪는 무지몽매함과 정신적 갈등 과정을 복잡하게 형상화한 것이다. 『장자』라는 책과 그 인물 장자는 역사 속에서 늘 이런 식으로 나타났다. 1949년 신중국, 즉 중화인민공화국이라는 사회주의 중국의 건설은 다시 장자라는 사상가와 그 사상의 성격을 아Q와 연관 지으며 자유주의와 기회주의와 연결했다.

1949년 마오쩌둥은 "이제 중국민족이 일어났다."라고 선언하면서 중화인민공화국을 수립하였다. 장제스(장개석)의 국민당이 타이베이로 패퇴하여 전쟁은 끝이 났으나 '혁명'은 여전히 끝나지 않았다. 이러한 혁명의 과잉은 50년대 대약진운동에서 6, 70년대까지 계속된 문화대혁명으로 이어지게 된다. 문화대혁명이 일어나기 전 궈샤오취안(곽소천郭小川)이 인민대회당의 건립을 기념하며 쓴 시 「별이 총총한 밤하늘을 바라보며」는 이러한 새로운 역사의 흐름에 도도히 참여하고자 하는 굳은 의지를 드러내는 반면, 인간의 내면까지, 그리고 삶의 진실한 부분까지 혁명되어야 한다는 새로운 이념에 대한 회의도 슬그머니 드러낸다.

1950년대 중국은 충분히 사회주의적인 국가가 아니었다. 더구나 장제스와 함께 타이베이로 가지 않은 수많은 지식인과 정치인들은 여전히 건재하였다. 하지만 펑유란처럼 미국에서 유학하고 돌아온 지식인들은 당대의 저명한 학자였지만 자유주의적 사상가로 분류되었고, 사회주의 이념을 수용하면서도 지식인으로서의 갈등은 서서히 드러났다. 2, 30년대를 통해 이미 생명력을 상실한 전통 사상에 대한 마르크스주의적 재해석이 이루어지는 한편에선 여전히 전통 사상의 가치를 포기하지 않는 일군의 지식인들이 있었기 때문이다. 관평을 비롯한 마르크스주의자들은 이러한 지식인들을 전통에 대한 향수에 빠져 혁명된 중국의 현실을 제대로 받아들이지 못하는 기회주의적이고 낡아 빠진 '아Q'라고 비판하였다. 이 때의 아Q는 후아터우(滑頭)주의, 즉 교묘하고 기회주의적인 비관주의라는 의미를 갖는다. 왕조시대에조차 전제적인 황제의 굴레로부터 '노장'을 풍미한다는 것은, 공적 영역으로부터의 도피 혹은 사회 영역으로부터 사적인 삶으로의 침잠을 정당화하는 도구이자 문화였다.

그러나 1950년 이후 지식인의 자아비판은 개인의 사회적 삶은 물론 내면에까지 혁명을 요구하는 무거운 억압으로 다가왔다. 이러한 분위기에서 문인들은 다시, 문학과 학문의 자율성, 전통의 평가와 관련하여 혁명으로부터 일탈한다. 비슷한 시기에 펑유란과 궈샤오취안은 관펑에 의해 '아Q주의자' 혹은 '비관주의자'라는 비판을 받는다. 이러한 심각한 갈등 관계에서 『장자』는 중요한 쟁점이자 매개가 되었다.

이제, 우리는 이러한 20세기의 과정에서 엮어지고 주조된 장자의 사상을 살펴보고자 한다. 물론 여기에 서술된 장자의 사상은, 전혀 다른 방식으로 서술될 수도 있다는 점을 다시 한번 헤아려 주기를 바란다.

5
『장자』사상, 어떻게 볼 것인가?

『장자』,
해석의 다양성

　　　　　　오늘날 철학사의 서술에서 『장자』는 『노자』와 더불어 고대 중국의 도가道家를 대표하는 문헌으로 분류된다. 또 『노자』와 『장자』를 함께 묶어 두 문헌에 들어 있는 사상을 '노장 철학'이라 부르기도 한다. 전통적으로 『노자』는 춘추시대 유가의 창시자인 공자와 동시대인이었던 이이(李耳, 노자)가 지었다 하고, 『장자』는 전국시대의 맹자보다 약간 늦은 장주가 지었다 한다. 오늘날 『장자』 전체가 장주의 저술로 생각되지는 않지만 대체로 '그'의 사상을 담은 철학 저술로 평가된다.

　『장자』는 첫 두 편인 「소요유」와 「제물론」의 '소요'와 '제물'이 크게 유행될 정도로 동아시아 사상에 커다란 영향을 미쳐 왔다. 특히 한대에 발흥한 도교 전통과 위진시대 이래 문학과 예술 분야에 미친 영향은 몇마디 말로 형용할 수 없을 정도이다. 그럼에도 『장자』가 동아시아 지식인들에게 늘 사랑받기만 했던 것은 아니고 또 그에 대한 평가가 늘 호의적이었던 것도 아니다. 더욱 중요한 사실은 장주가 흔히 전국시대의 사상가로 알려져 있지만 『장자』는 전국시대에 거의 알려지지 않은 책이었다는 것이다.

어떤 이들은 한나라 때에 『회남자』를 지은 회남왕 유안劉安이 『장자』를 편찬하였다고 생각한다. 왜냐하면 적어도 유안 이전에 『장자』라는 책이 존재했을 가능성이 의심스럽고, 한대의 역사가 사마천의 『사기』에 이르러서야 비로소 『장자』가 역사 기록에 출현하기 때문이다. 하지만 본격적으로 유행한 것은 더 많은 시간이 지난 뒤인 위진시대에 이르러서이다. 파란만장한 영웅소설 『삼국지』의 시대가 끝날 무렵 등장하는 죽림칠현竹林七賢의 시대에 이르러 『장자』는 지식인들 사이에 유행하기 시작하였다. 오늘날 우리가 읽는 『장자』는 이 시대에 편집된 책이다.

전통 지식인들의 『장자』에 대한 평가 또한 다양하다. 동진시대의 왕탄지는 『장자』를 없애 버려야 할 책이라고 강력하게 비판하였고, 신유학이 성립되는 송명宋明 이후에는 이단의 책으로 낙인찍히는 수모를 당하기도 하였다. 「어부」나 「도척」 편의 유학을 비판하는 내용이 유학자들로부터 비난을 받는 표적이 되었던 것이다. 하지만 아이러니하게도, 『장자』가 사랑을 받은 것도 도가에 배척적이었던 송명시대부터이다. 『장자구의莊子口義』라는 유명한 장자 주석서를 낸 송대의 유학자 임희일은 유가의 경전인 『춘추좌씨전春秋左氏傳』

이나 사마천의 『사기』도 미치지 못하는 위대한 문장이 『장자』라고 말하였다.

『장자』가 동아시아 사상사에서 차지했던 위치는 부조리한 현실에 대한 비판, 비운의 삶을 살아가는 절망한 지식인들의 위안, 예술적 해방의 정신, 도교적 양생의 선구로서였다. 『장자』는 절망한 난세의 지식인들에겐 친구이자 위안이었고 때때로 성인 공자의 정신을 계승한 은둔의 사상서로 생각되기도 했다. 하지만 20세기 서구 사상과의 만남이 이루어지면서 『장자』는 새로운 전기를 맞이하게 된다. 강력한 사회 비판과 해방의 철학, 자유와 평등의 옹호자, 그리고 미신적 세계관이 아닌 합리적 자연관의 대명사로 『장자』는 각광을 받는다. 특히 이데올로기화된 권위주의적 사상에 대한 비판 철학으로 『장자』는 거듭 태어나게 된다.

오늘날 『장자』는 단순히 어느 하나의 학문 영역에 해당하는 책으로 규정할 수 없다. 이미 한나라 때부터 문학 이론과 도교의 성립에 커다란 영향을 미친 것은 물론, 불교가 중국에 수용될 때에는 이론적 가교 역할을 하기도 했다. 또한 회남왕 유안이 편찬한 『회남자』, 굴원의 『초사』 그리고 『산해경』과 더불어 『장자』는 고대 동아시아의 신화와 우주론, 원시종교 사상을 연구하는 중요한 자료가 된다. 『장자』에 나오는 갖가지 비유적 이야기들은 후대에 문인과 시인 들의 창작에 중요한 소재가 되었으며, 세속의 풍파에 찌든 지식인들에게는 늘 마음의 위안이 되는 벗이자 지혜의 보고였다.

『장자』를 읽는 것은 대붕을 타고 날아가며 세상을 굽어보는 긴 여행에 비유할 수 있다. 첫편인 「소요유」는 커다란 물고기 곤鯤이 붕鵬으로 변해 먼 남쪽으로 여행하는 것으로 시작된다. 거기에서 우리는 구만리 하늘에서 내려다보는 천하가 온갖 잡다한 만물로 시끌벅적한 듯하지만 거기에는 자연스러운 조화와 즐거움이 내재한다는 「제물론」의 기묘한 논리에 마주하게 된다. 뒤이어 생명을 기르는 기묘한 비법을 소개하는 「양생주」, 변화무쌍한 사건과 덧없는 「인간세」와 이를 구제하기 위한 대용大用의 철학을 배우게 된다. 이어지는 「덕충부」, 「대종사」, 「응제왕」에서는 천하의 구세주로서 제왕의 자격과 풍모, 치자의 원칙이 논의된다. 내편의 마지막 편인 「응제왕」의 마지막은 그 유명한 혼돈渾沌 이야기로 마무리된다. 일반적으로 잘 알려진 이야기들은 대개 이 내편에 속하거나 이와 관련된 외, 잡편의 내용들이 대부분이다.

고대 중국에서 이루어진 문헌의 대개가 그렇듯이 『장자』 또한 장주 한 개인의 손으로 일시에 체계적으로 저술된 것이 아니다. 어떤 편들은 단일한 한 편의 논문처럼 구성되어 있지만, 대개 여러 일화와 고사 들이 엮여 있는 모습이다. 『장자』의 「우언」이란 편 제목이 있듯이, 문체상으로도 『장자』는 비유적인 이야기들이 많기에, 전체 흐름에 따라 일관되게 책의 내용을 설명하기란 쉬운 일이 아니다. 내편은 일반적으로 동의하듯이 장주 개인의 일관된 사상을 담고 있다고 할 수 있지만, 외편과 잡편은 장주의 사상을 계승하는 다양한 사상가들의 주장을 담고 있다.

이와 같이 『장자』는 아주 다양한 얼굴을 하고 있으며 다양한 방식으로 읽혀 왔다. 따라서 『장자』의 사상이란 역사적으로 실존했던 사상가 '장주'라는 인물과 겹쳐지면서도 아주 다양한 결과 색깔을 가진 것으로 이해할 수 있다. 그 가운데 오늘날 『장자』의 사상이라 부르는 것과 관련된 가장 중요한 세 가지 이해 방식을 중심으로 생각해 볼 필요가 있다.

그 세 가지란 앞에서 보았던 『사기』의 이전과 이후를 나누어 살피는 것과, 오늘날 우리가 읽는 『장자』의 형태를 갖춘 곽상의 '장자', 그리고 마지막으로 조선 유학자들의 '장자' 이해에 커다란 영향을 미친 송대 유학자들의 장자 이해 방식이다. 이 세 가지는 현대 한국의 '장자 사상' 이해에 커다란 영향을 미친 요소들이므로 반드시 생각해 보고 넘어가야 한다.

『사기』의 『장자』,
이전과 이후

　　　『노자』나 『장자』를 유가 문헌과 비교할 때 두드러진 차이점이 있다. 예를 들어 한나라의 정현에서부터 송나라의 주희, 명나라의 왕부지, 그리고 청대 고증학자들의 주석서에 이르기까지 유가 문헌의 주석은, 선대 학자들의 잘못된 주석과 문제점 그리고 새로운 견해의 제시라는 과정을 확인할 수 있다. 즉 『논어』나 『맹자』에 있는 언설의 본래 의미가 무엇인가를 끊임없이 추구하는 의식이 있다는 이야기다. 여러 주석서를 함께 참조해 보면 『논어』나 『맹자』의 특정 문구가 어떤 식으로 심화해 이해되어 가는지를 확인할 수 있다.

　하지만 『노자』나 『장자』 같은 도가 문헌은 이와 다르다. 『노자』의 경우, 현존하는 가장 이른 시기의 주석서로 꼽히는 하상공의 주석서나 왕필의 주석서에서 공통점을 찾는 것은 거의 불가능하다. 두 문헌은 관심이나 해석이 전혀 상이하여『노자』의 의미보다는 하상공과 왕필의 사상을 이해하는 자료로 보는 게 더 낫다. 달리 말해『노자』는 시대마다, 주석자에 따라 각기 상이한 노자상을 드러낸다고 할 수 있다. 이러한 사정은『장자』의 경우에도 마찬가지여서 문헌으로 성립한 이후, 시대에 따라 주석자에 따라 너무나도 다양한 방식으로 읽혀 왔다.

당唐의 육덕명이 지은『경전석문』에 따르면 가장 이른 시기의『장자』주석서로 최선, 사마표, 맹씨의 것이 있었는데 이 가운데 사마표와 맹씨의 것은『한서』「예문지」에서 말한 52편본『장자』에 주석한 것이라 한다. 하지만 이들은 모두 전하지 않으며, 오늘날 우리에게 전해지는 구성의『장자』는 곽상의『장자주』에 이르러 성립된 것이다. 위진시대의 철학 사조인 현학의 대표적 인물인 곽상의『장자주』는 이후 이루어진 주석서들의 저본이 된 것은 물론『장자』해석에 커다란 영향을 미쳐 왔다.

주석서는 아니지만 그보다 이른 시기의『장자』에 대한 평가도 있다.『순자』「해폐」편에서는 장자가 하늘(天)을 지나치게 중시하여 인간(人)을 이해하지 못하였기에 소극적인 순응만을 주장하였다고 비판한 바 있다. 순자가 본『장자』가 어떤 것인지 알 수 없기에 순자가 했던 말의 정확한 의미를 따질 수는 없지만, 현대의 학자들은『순자』에서 언급하는 하늘—이때의 의미는 오늘날 인위적인 것과 구분되는 '자연自然' 또는 자연적인 것으로 해석된다.—에 관한 사상이 장자 철학의 핵심이라 여기기도 한다.

『장자』가 언제 성립되었는지 정확한 연대는 알 수 없지만, 앞서 소개한 바대로 사마천의 『사기』에는 그 저자로 일컬어지는 장주의 전기가 실려 있다. 『사기』에 실린 내용은 두 가지 측면에서 중대한 의의를 갖는다. 먼저 장주라는 인물이 정치적 현실에 비판적이면서 동시에 달관적인 정신의 소유자로 그려진다는 점이다. 『사기』는 『장자』 자체의 풍부한 이야기 가운데 초나라에서 재상으로 초빙한 것을 거절한 일화만 소개하고 있다. 따라서 『장자』는 반정치적이거나 적어도 탈정치적인 사상으로 읽혀지기 쉽게 만든다.

다른 한 가지는 『사기』에서 언급하는 『장자』의 편명篇名이 다르다는 점이다. 『사기』는 장주가 「어부」, 「도척」, 「거협」을 지어 공자의 추종자들을 비판하면서 노자의 학술을 밝혔고, 또한 「외루허外累虛」, 「항상자亢桑子」를 지었는데 이런 편들은 공허한 이야기로서 사실과 관계없다고 말한다. 「외루허」와 「항상자」는 오늘날의 『장자』에는 없는 편들로서 사마천이 본 『장자』가 다른 것임을 보여 준다. 또한 『사기』에서 언급된 장자는 노자를 계승한 학자로서 공자 비판이 그 사상의 핵심이다. 이 점은 오늘날의 해석과 다를 바가 없다.

하지만 의아한 점이 있다. 『장자』가 흔히 선진시대의 여러 학파 가운데 도가로 분류되는데, 도가에 대해 『사기』는 상당히 정치적 성격이 강하며, 다른 여러 학파의 사상을 포용하는 종합적 사상이라 설명하고 있기 때문이다. 이 점은 『한서』 「예문지」도 마찬가지이다. 「예문지」는 『장자』를 도가 문헌으로 분류하고, 이 도가 사상의 핵심을 군주의 통치술에 관한 학문이라고 설명한다. 이렇게 보면 「소요유」와 「제물론」을 중심으로 읽는 오늘날의 『장자』 이해와 『사기』를 전후로 하는 한나라의 『장자』 이해는 문헌의 구성과 해석에서 많이 다름을 알 수 있다.

『장자』의 편집자 곽상,
공자의 계승자

현재 우리가 읽는 『장자』의 체제는 진晉나라의 곽상으로부터 유래한다. 『경전석문』에 의하면 『한서』 「예문지」에서 말하는 52편본 『장자』는 기이하고 거짓된 말들이 하도 많아서 『산해경』이나 꿈 해몽서와 비슷하였는데, 곽상이 장주의 뜻에 합치하는 것만을 모아 현재 우리가 보고 있는 33편본 『장자』를 만들고 주석하였다고 한다. 학자에 따라서는 곽상의 『장자』가 그보다 조금 앞선 향수向秀의 주석을 약간 보완한 것이라 보기도 하지만 대체적으로 곽상이 정리한 것이라 여긴다. 「소요유」, 「제물론」에서 시작하여 「천하」편으로 끝나는 현행 체제는 곽상에게서 비롯된 것이다.

그런데 재미있게도 『장자』를 편집한 곽상은 노자나 장자를 옹호한 도가 학자가 아니라 공자를 옹호한 유가 학자였다. 이것은 곽상뿐만 아니라 위진시대 현학자들의 공통점이다. 대개 현학이란 『노자』제1장의 "신비하고 또 신비하다玄之又玄"란 말에서 온 것으로 생각하기 쉽지만, 사실은 후한의 사상가 양웅에게서 유래하는 말이다. 양웅은 하늘과 땅 그리고 사람이 각기 마땅히 따라야 할 길이 있어 그것을 천도天道, 지도地道, 인도人道라 하는데 이 세 가지를 함께 말할 때에 '현'이라 한다고 하였다.

노자보다 공자를 더 위대한 성인으로 보기는 『노자주』를 지은 왕필 또한 마찬가지이다. 공자는 '무無'에 대해 전혀 말하지 않았는데 노자는 왜 '무'에 대해 많은 말을 하였는가라는 질문에 왕필의 대답은 이러하였다. 즉 공자는 말로 표현할 수 없는 '무'의 경지를 온전히 체득하여 말하지 않았지만 노자는 제대로 체득하지 못하였기에 여러 말을 하였다는 것이다. 달리 말하면 진정한 성인은 공자이지 노자가 아니라는 이야기이다. 곽상이 『장자』를 보는 시각 또한 이와 마찬가지이다.

상식적으로 『장자』를 주석한 곽상이 장자가 아닌 공자를 옹호하였다는 점은 잘 이해하기 어렵다. 왜냐하면 『장자』에는 유가에서 존경하는 요, 순, 우와 같은 성왕이나 공자를 조소하거나 비판하는 이야기가 꽤 많이 나오기 때문이다. 곽상은 이에 대해 전혀 상반된 해석을 가한다. 즉 『장자』에서 이들을 비판하는 것은 단순히 문학적 장치일 뿐이라는 것이다. 『장자』는 요나 순, 공자를 비판하는 것이 아니라, 이들의 언행을 고착화하고 규범화하는 후인들을 비판한다는 것이다.

곽상은 이를 발자국(跡)과 그 발자국을 남긴 사람의 관계로 설명한다. 진정 성인의 뜻을 이해하려면 그 마음을 헤아려야 하는데, 사람들은 흔히 성인이 남긴 발자국만 보고서 그것을 절대화하여 이를 그대로 따르려고만 한다. 하지만 발자국은 단지 성인이 지나간 흔적일 뿐 그 흔적을 남긴 성인 자신은 아니다. 상황이 다르고 시대가 다르면 성인은 달리 행동할 수도 있었다. 따라서 성인의 뜻을 잇기 위해서는 그 발자국을 묵수하는 것으로는 부족하며 성인의 참된 뜻을 헤아려야 한다는 것이다.

『장자』에서 공자와 유가의 여러 성왕을 비판한 것은, 바로 장주 당시 사람들이 성인의 뜻을 곡해하여 제대로 이해하지 못하자 이를 질타하기 위하여 우회적으로 고착화된 성인상을 비판하였다는 것이다. 이렇게 보면 곽상에게 『장자』는 공자를 비판한 책이 아니라 옹호한 책이 된다. 중요한 것은 『장자』의 말이 아니라 그 속에 숨은 뜻이고, 그 뜻은 공자를 비판하는 데 있지 않다는 것이다. 물론 곽상도 장자를 비판한다. 비록 장자가 학문의 근본을 깨달아 자유로이 거침없는 말을 하였지만, 그 말을 조심하지 않아 후대에 비판을 받게 되었다는 것이다.

이와 같은 곽상의 『장자주』는 여러 면에서 『장자』 읽기의 역사에서 중요한 의미를 갖는다. 첫째로 곽상의 『장자주』는 이후 모든 사람이 읽는 『장자』의 기초 텍스트가 되었다. 둘째로 『장자』를 기이하고 이상한 이야기를 기록한 책이거나 유학을 비판한 것이 아니라, 유학 자체가 고착화되고 이데올로기화되는 것을 문제 삼은 작품으로 보게 하는 계기가 되었다. 이후 도가 사상은 그 자체의 논리와 사상을 지닌 학파로서보다는 유학의 타락을 방지하는 보완적 사상으로 정착된다. 셋째로 이와 같은 곽상의 해석은 송명시대 유학자들에 의해 다양한 해석이 나올 수 있는 토대가 되었다.

송대 유학자의 『장자』, 도道에 가까운 이단자

『장자』가 문헌으로 성립된 것은 한대이지만, 지식인들에게 널리 읽히게 된 것은 위진시대에 들어와서이다. 엄격히 말해 '노장'이란 말 자체가 유행하게 되는 것이 위진시대이다. 그 이전에는 『노자』와 『장자』가 별개의 문헌으로 취급되었을 가능성이 높다. 『장자』 읽기의 역사에서 더욱 중요한 것은, 오히려 유학이 새로운 단계로 진입하는 송명시대에 이르러 『장자』가 지식인들의 사랑을 받으며 널리 읽히고 다양한 주석이 나오게 되었다는 점이다. 유학이 역사상 가장 체계적인 철학으로 발전하는 신유학의 시대에 『장자』는 가장 널리 읽히게 된 것이다.

2001년 중국에서 발간된 『장자서·발·논·평집요』라는 책에는 고대에서 청대까지 주요 『장자』 주석서의 서문 100여 개가 소개되고 있는데, 이 가운데 송 이전의 것은 단 네 개에 지나지 않는다. 이것은 일반적인 예상 밖의 일이다. 사실 그대로 받아들인다면, 유학이 가장 공고한 주류 학문으로 자리잡게 되는 송명시대에 『장자』는 비로소 지식인들의 사랑을 받는 문헌으로 정착되었다는 것을 의미한다. 우리가 단순히 『장자』를 선진시대의 실존 인물 장주의 철학서로만 읽는다면, 『장자』에 대한 선인들의 시각에서는 한참 멀어지게 된다. 더욱이 조선조 지식인들의 『장자』에 대한 태도는 거의 이해할 수 없게 된다.

요순으로부터 공자로 이어지는 도통론道統論에 입각하여 유학의 정통성을 강하게 주장하고 그 이외의 사상을 이단異端이라 부르며 배척하였을 것 같은 도학파道學派 가운데에도 『장자』에 대해 긍정적으로 생각하는 사람이 있었다. 이러한 태도는 성리학의 완성자 주희에게서도 분명하게 드러난다. 주희는 맹자 이후 장자보다 박식한 사람이 없으며 유학자 순자 또한 장자에는 미치지 못한다고 본다. 또한 불교에 어떤 긍정적인 것이 있다면 그것은 모두 실제로는 『장자』에서 유래한다고까지 말한다.

주희를 비롯한 신유학자들은 물론 여러 유학자들은, 북송의 왕안석이 지적하였듯이 『장자』「천하」편의 한 구절에 특히 커다란 의미를 부여하였다. 『장자』「천하」편에는 "『시경詩經』은 뜻(志)을 말하였고, 『서경書經』은 정사政事를 말하였고, 『예기禮記』는 행실에 대해 말하였고, 『악경樂經』은 조화를 말하였고, 『역경易經』은 음양을 말하였고, 『춘추春秋』는 명분을 말하였다."고 하며 육경六經에 대한 평가가 나온다. 이 구절을 근거로 많은 유학자들은 장주가 육경의 요지를 이해할 정도로 공자의 도에 가까이 갔던 인물이라 본다. 게다가 『장자』의 유명한 일화, 즉 포정庖丁이 소 잡는 이야기에는 신유학에서 가장 중시하는 개념인 '천리天理'가 나오기도 한다.

주희는 문혜군 앞에서 천리를 이야기하는 포정의 이야기를 학문을 할 때 이치(理)를 깨닫는 과정으로 이해한다. 학생이 처음 경서를 대하면 전체가 하나처럼 보이는데, 그 안의 여러 부분을 오래도록 보게 되면 훨씬 더 세밀해져서 결국 커다란 진보를 이루게 된다는 것이다. 이는 마치 『장자』에 나오는 소잡이꾼이 소를 전체로 보지 않으면서 소를 잡는 것과 매한가지라고 주희는 설명한다. 이와 비슷한 방식으로 『장자』에 나오는 여러 중요한 개념들은 신유학에서 중시되는 것과 같은 의미를 지닌 것으로 이해되고, 『장자』는 유학의 도에 가까운 것으로서 호의적으로 평가되었다. 심지어 소식과 왕안석 같은 이들은 장자가 공자의 제자였다고 주장하기도 했다.

물론 모든 신유학자들이 『장자』에 호의적인 것은 아니었지만, 『장자』가 이단으로서 무조건 배척된 것은 아니었다. 『장자』에 우호적이던 인물 가운데 특히 눈여겨볼 인물은, 이단에 대해 가장 배척적인 태도를 보인 북송北宋의 정이 계열에서 나온 임희일이다. 임희일은 『장자구의』라는 주석서를 내었는데, 유학자들 사이에서 가장 널리 읽힌 『장자』 판본이었으며 일찍이 조선조에서도 여러 차례 간행되며 널리 읽혔다.

장주는 대개의 철학사 서술과 달리 전국시대에는 그다지 알려지지 않았던 인물이고 『장자』가 전국시대에 실재했는지조차 의심을 받고 있다. 중국의 학자들은 『노자』로부터 이어지는 도가의 발전 단계를 설명하기 위해 전국시대 후기에는 『장자』가 문헌으로 성립되었다 주장하지만 아직 명확한 증거는 없다. 『장자』는 위진시대에 유행하기 시작하여, 유학이 다시금 체계화되는 송명시대 이후 보다 널리 읽히면서 유학자는 물론 도사와 승려 등 다양한 시각에서 여러 가지 방식으로 해석되어 왔다. 따라서 『장자』 읽기에서 정론定論을 말한다는 것은 좀처럼 쉽지 않은 일이다.

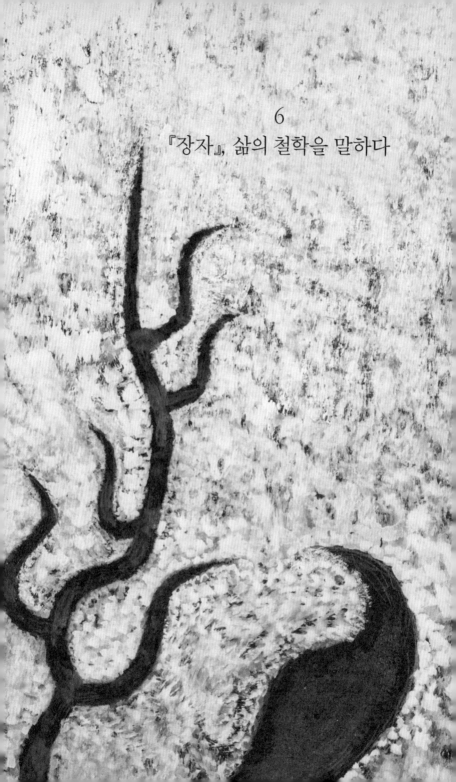

6
『장자』, 삶의 철학을 말하다

쓸모없는 것을
크게 쓰시오

현대인들에게 『장자』는 무엇보다 커다란 붕새, 즉 대붕大鵬 이야기로 유명하다. 하지만 전통적으로 첫째 글 「소요유」는 '큰 것과 작은 것에 관한 논변'으로 읽혀졌다.

북녘 검푸른 바다에 물고기가 있으니 그 이름을 '곤鯤'이라고 한다. 곤의 크기는 몇천 리가 되는지 알 수 없다. 어느 날 이 물고기가 변신을 해서 새가 되니 그 이름을 '붕鵬'이라 한다. 이 붕새의 등 넓이는 이 또한 몇천 리가 되는지 알 수 없다. 온몸의 힘을 다해 날면 그 활짝 편 날개는 하늘 한쪽에 가득히 드리운 구름과 같다. 이 새는 바다가 움직일 때 남쪽 끝의 검푸른 바다로 날아가려고 한다. 남쪽 바다란 '하늘 연못', 즉 천지天池이다.

『제해齊諧』는 괴이한 일을 기록한 책이다. 『제해』에는 이런 말이 있다.

"붕이 남쪽 깊고 검푸른 바다로 옮겨 갈 때에는 날개로 바다의 수면을 삼천 리나 치면서 회오리바람을 타고 구만 리까지 날아올라 여섯 달 동안 이동하고서야 내려와 쉰다."

땅 위로 피어오르는 아지랑이와 공중에 떠도는 티끌은 살아 있는 것들이 숨 쉴 때 서로 내뿜는 데서 생겨난다. 하늘이 푸르고 푸른 것은 그것이 본래 제 빛깔이기 때문일까, 아니면 너무 멀어 끝이 보이지 않아서일까? 붕이 아래를 내려다보아도 또한 이와 같을 것이다.

그런데 물이 깊이 고이지 않으면 커다란 배를 띄울 힘이 없다. 잔을 엎지른 물이 마루의 움푹 패인 곳에 고여 보았자 기껏 티끌을 배로 띄우는 정도이지 거기에 잔을 놓으면 가라앉고 만다. 물이 얕은데 배는 크기 때문이다. 마찬가지로 바람이 두텁게 쌓이지 않으면 큰 날개를 띄울 힘이 없다. 그래서 구만 리 높이까지 올라가야 바람이 아래에 두텁게 쌓이니, 그런 뒤에야 붕은 비로소 바람을 타고 난다. 곧 푸른 하늘을 등에 지고 아무런 장애가 없게 된 뒤에야 비로소 남쪽으로 날아가고자 하는 것이다. 「소요유」

여기서 장자는 그의 웅장한 이야기를 펼친다. 우리는 통상 이 부분을 '정신적 자유와 초월'에 관한 이야기로 읽어 왔다. 구만 리 하늘 높이 솟아오른다는 것은 현실과 일상을 초월하는 일종의 정신적 비상飛翔으로서, 세속적 가치와 현실의 부조리를 초탈하며 정신의 자유를 누리려는 인간 정신의 모험으로 해석하는 것이다. 물론 이러한 해석은 중요한 의미를 갖는다.

하지만 전통 사회에서 용龍이나 붕鵬은 모든 사람에게 공통된 상징으로 출발하지 않았다. 그리스 올림포스의 신 제우스에게 독수리가 있었듯이 붕이나 곤鯤은 고대 중국에서 제왕을 상징하는 존재였다. 인간이면서 신적 존재인 황제가 온통 용의 현실로 상징되었던 과거를 생각한다면 이는 아주 자연스러운 연상이다.

예컨대 명 말과 청 초기에 살았던 유학자 방이지는 이 부분에 주석을 하면서 "본래 곤은 작은 물고기의 이름인데 장자는 큰 물고기의 이름으로 사용하였다."라고 풀이한다. 이는 당시 방이지가 처한 정치적 현실에서 상이한 의미를 갖는다. 한족의 왕조 명이 멸망하고 세워진 청을 오랑캐라고 생각했던 방이지에게 청의 황제는 결코 크고 위대한 존재가 아니었다. 황제를 상징하는 대붕의 본래 출신이 미미하고 작은 물고기라고 함으로써 글에서나마 현실 속 청나라 황제를 조소한 것이다.

이렇게 작은 것과 큰 것에 대한 차이의 논변은 다양한 의미와 상징을 가진 것으로 전통 사회에서 다양한 방식으로 이용되었다. 이러한 작은 것과 큰 것의 차이에 대한 논변은, 뒤에 이어지는 문장을 통해 더욱 분명해진다.

매미와 작은 비둘기가 높이 나는 붕을 비웃으며 말한다.

"우리는 한껏 날아올라도 낮은 느릅나무나 다목나무 가지에 이르고, 어떤 때는 거기에도 못 미쳐 땅바닥에 떨어지기도 한다. 그런데 무엇 때문에 붕새는 구만 리나 올라가 남쪽으로 가려 하는 걸까."

근교의 들판으로 나가는 사람은 세끼 밥만 있어도 돌아올 때까지 배고픈 줄 모르지만, 백 리나 되는 길을 갈 사람은 전날 밤에 충분히 식량을 마련하고, 천 리 먼 길을 가는 사람은 삼개월 전부터 식량을 모아서 준비한다. 그런데 매미와 비둘기같이 작은 것이 어찌 이러한 이치를 알겠는가.

작은 지혜는 큰 지혜에 미치지 못하고 짧은 수명은 긴 수명에 미치지 못한다. 어떻게 그런 줄 아는가? 아침에 잠깐 사는 버섯인 조균 朝菌은 하루를 다 알지 못하고, 한 계절만 사는 쓰르라미인 혜고는 계절의 변화를 알지 못하는데, 이것이 짧은 수명이다. 초나라 남쪽에 명령이란 거북이가 있는데, 이 거북이는 오백 년을 봄과 가을로 하며 산다. 아주 먼 옛날 대춘이라는 나무는 팔천 년을 봄과 가을로 하며 살았다. 그런데 팽조는 요즘 오래 산 것으로 유명하여 세상 사람들이 그만큼 살기를 바라는데, 명령이나 대춘에 견주어 보면 가련하지 않은가! 「소요유」

구만 리 푸른 하늘로 날아오르는 대붕과 달리 매미와 작은 비둘기는 몇미터 되지도 않는 작은 나무에 오르는 것조차 버겁다. 매미와 비둘기는 자신들이 낮게 날아오른다는 것 때문에 오히려 대붕을 비웃는다. 이것이 작은 것과 큰 것이 갖는 세상에 대한 인식의 차이이다. 장자는 뒤이어 작은 지혜와 큰 지혜의 차이, 오래 사는 것의 차이를 여러 예를 들어 가며 차분히 설명한다. 그런데 이러한 '작은 것과 큰 것의 차이'가 단지 현실의 인간들의 차이를 궁극적으로 지향하는 것은 아닌 듯하다.

그 뒤에 이어지는 『장자』의 이야기는, '큰 것과 작은 것'을 '쓸모 있음과 쓸모없음'의 이야기로 바꾸어서 말하기 때문이다. 이렇게 큰 것과 작은 것의 차이는 다시 '크게 쓰는 법과 작게 쓰는 것의 차이'라는 논변으로 바뀐다. 특히 「소요유」의 마지막 이야기에서 혜시가 자신에게 커다란 나무가 있는데 줄기가 울퉁불퉁하고 가지가 꼬여 전혀 쓸모가 없다고 한탄하자, 장자는 혜시가 큰 것을 쓰는 방법을 모른다며 핀잔을 준다. 이야기는 이렇게 시작된다.

혜시惠施가 장자에게 말하였다. "위나라 왕이 내게 커다란 박씨를 주기에 내가 그것을 심어 열매가 열렸는데, 다섯 섬을 담을 수 있을 정도로 컸습니다. 거기에 마실 물을 채우면 무거워서 들 수가 없었고, 둘로 쪼개 표주박을 만들면 얕고 평평해서 아무것도 담을 수가 없었습니다. 크기만 했지 쓸모가 없기에 나는 그것을 부숴 버리고 말았습니다."

장자가 말했다. "선생은 큰 것을 쓰는 데 서툴군요. 송나라 사람 중에 손이 트지 않게 하는 약을 잘 만드는 사람이 있어, 대대로 솜 빨래 일을 가업으로 삼고 있었습니다. 어느 날 나그네가 그 이야기를 듣고 백금을 주며 약 만드는 비법을 사겠다고 하자, 그가 친족들을 모아 의논하며 말하기를 '우리가 대대로 솜 빨래 일을 해 왔어도 수입이 얼마 되지 않았는데 이제 하루아침에 그 비방으로 큰돈을 받게 되었으니 팔아 버리자.'라고 했습니다. 나그네가 비방을 얻어 그것으로 오나라 왕에게 유세하였는데, 마침 월나라와 전란이 일어나자 오나라 왕은 그 나그네를 장수로 삼았습니다. 겨울에 월나라와 수전水戰을 벌여 월나라를 크게 무찌르자 오나라 왕은 땅을 떼어 주며 그를 영주로 봉했습니다. 손 트지 않게 하는 비방은 같았지만 어떤 사람은 그것으로 영주가 되고 어떤 사람은 그것으로 솜 빨래 일을 면치 못했으니, 그 비방을 쓴 곳이 달랐기 때문입니다. 이제 당신에게 다섯 섬을 담을 수 있는 큰 박이 있는데 어찌 그것으로 큰 배를 만들어 강이나 호수에 띄우고 노닐 생각은 하지 않고서, 그것이 얕고 평평해 아무것도 담을 수 없다는 걱정만 하는 것입니까. 당신은 마음이 참으로 쪼잔하군요!" 「소요유」

장자는, 커다란 박 열매가 어디에도 쓸데가 없다며 은근히 장자를 조롱하는 혜시를 반박한다. 혜시가 크기는 한데 쓸데가 없다고 박에 비유하여 말한 것은, 장자가 평소에 혜시에게 하는 말들이 크고 웅장하여 그럴듯해 보이지만 실제 정치나 현실에 적용할 수 없는 쓸데없는 이야기라고 비난하는 것이기 때문이다. 말하자면 장자는 자신의 사상이 지니는 가치를 설명하고 있는 것이다.

장자는 "손 트지 않게 하는 비방은 같았지만 어떤 사람은 그것으로 영주가 되고 어떤 사람은 그것으로 솜 빨래 일을 면치 못했으니, 그 비방을 쓴 곳이 달랐기 때문입니다."라고 말한다. 물건이든 사람이든 그것이 갖고 있는 가치는 쓰는 방법에 따라 달라질 수 있다는 것이다. 그런데 여기서 쓸모없는데 크게 쓰이는 것은 무엇을 의미하는 것일까? 계속 이어지는 이야기는 이렇다.

혜시가 장자에게 말했다. "내게 커다란 나무가 있는데 사람들은 그것을 가죽나무라 합니다. 그런데 줄기는 울퉁불퉁하여 재단하는 먹줄을 칠 수 없고 가지는 꼬이고 구부러져 목수의 동그랗고 네모난 자를 댈 수가 없습니다. 나무가 한길가에 있는데도 목수는 쳐다보지도 않습니다. 지금 당신의 말도 크기만 했지 쓸모가 없으니 뭇사람들이 똑같이 지나쳐 버리는 것입니다."

장자가 말했다. "당신은 살쾡이를 보지 못했습니까? 그놈은 몸을 바짝 낮추어 엎드려 있다 뛰노는 작은 짐승들을 덮치는데, 먹이를 찾으러 다닐 때는 동쪽이든 서쪽이든 높은 데든 낮은 데든 가리지 않고 이리 뛰고 저리 뛰다가 덫에 걸리고 그물에 걸려 죽기도 합니다. 그런데 지금 저 이우란 소는 크기가 마치 하늘에 드리운 구름과 같은데, 덩치만 컸지 쥐 한 마리도 잡지 못합니다. 지금 당신에게 큰 나무가 있는데 그 나무가 쓸모없어 걱정된다면, 그것을 무하유無何

有 마을이나 끝없이 너른 들판에 심어 놓고 그 옆에서 하는 일 없이 거닐거나 그 아래에서 유유자적하며 낮잠이라도 자는 것은 어떻습니까. 그 나무는 도끼에 찍힐 일도 없고 누구에게 해를 당할 일도 없으니, 쓰일 곳이 없다 해서 어찌 마음 졸이고 괴로울 일이겠습니까?"

「소요유」

이것이 장자가 말하는 대용大用의 사상이다. 혜시는 직접적으로 장자의 말이 쓸모없다고 비판한다. 그러자 장자 또한 직접적으로 자신이 말하는 '크게 쓰는 법'이 무엇인지를 분명하게 설명한다. 그 것은 '도끼에 찍힐 일도 없고 누구에게 해를 당할 일도 없'는 삶을 영위하는 것이다. 오늘날로 말하자면 스스로의 삶을 향유하고 누리는 것이다. 여기서 무하유 마을에 심어 놓은 나무란 자신의 생명과 삶을 상징한다.

다음 이야기는 이러한 삶에 대한 이해를 잘 보여 준다.

장자가 산길을 가다가 잎과 가지가 무성한 거목을 보았다. 그런데 나무꾼이 그 곁에 있으면서도 나무를 베려고 하지 않는 것이었다. 그 까닭을 묻자 "쓸모가 없습니다." 하는 것이었다. 장자가 말했다. "이 나무는 쓸모가 없어서 수명을 다할 수 있는 것이다."
장자가 산을 내려와 옛 친구 집에 머물렀다. 친구는 매우 반기며 심부름하는 아이에게 거위를 잡아 대접하라고 일렀다. 그러자 아이는

"한 마리는 잘 울고 또 한 마리는 울지 못합니다. 어느 놈을 잡을까요?" 하고 묻자 주인은 "울지 못하는 놈을 잡아라."고 했다.

다음날 제자가 장자에게 물었다. "어제 산길의 나무는 쓸모가 없어서 수명을 다할 수 있었는데, 이 집 주인의 거위는 쓸모가 없어서 죽었습니다. 선생님은 어느 입장에 머무르시겠습니까?" 그러자 장자가 웃으면서 대답하였다. "나는 쓸모 있음과 쓸모없음의 사이에 머물겠다." 「산목」

이 이야기에서 "쓸모 있음과 쓸모없음의 사이에 머물겠다."는 장자의 말은 어떤 신비주의에 대한 이야기가 아니다. 또한 둘 다 옳다거나 둘 다 그르다고 하는 애매모호한 양시양비론과도 무관하다. 실제로 사회적 쓸모가 있다는 것이 실상은 내 존재 자체와는 무관한 것인데, 나에게 쓸모 있다, 쓸모없다라는 말은 무슨 의미를 갖는 것인가?

한 개인이 지닌 능력과 쓸모는 실제 삶의 행복과 직접적으로 관련되는 것이 아니라 일차적으로 다른 사람에게 쓸모 있다는 뜻이다. 장자에게 '소용'이란 이런 의미를 갖는다. 명예나 출세, 성공을 위해 자신의 삶을 버리는 것은 자신을 '작게 쓰는 것'이다. 하지만 그런 것으로부터 벗어나 스스로의 삶을 향유하고 생명을 누리는 것이야 말로 진정한 의미에서 '크게 쓰는 것'이다. 장자는 그것을 '대용'이라 부른 것이 아닐까?

앞에서 살펴보았듯이 구만 리 하늘 위의 대붕을 비웃는 매미와 비둘기가 '자잘한 쓰임새(小用)'밖에 모른다면 대붕은 '커다란 쓰임 새(大用)'를 아는 제왕의 상징인 것이다. 하지만 제왕이든 그에게 복무해야 하는 신하든, 인간에게 가장 중요한 것은 바로 자신의 생 명이다. 자신의 생명을 지키는 것이야말로 무엇보다 우선해야 할 일이다.『장자』는 자신의 생명을 향유하는 것이야말로 가장 중요하 고 가장 소중한 것을 제대로 쓰는 법이 필요한 일임을 말하고자 한 것이다.

도가의 핵심 용어인 무위無爲 또한 이 대용과 같은 의미로 쓰이 기도 한다.『장자』에서 무위는 대체적으로 세 가지 의미로 쓰인다. 첫째는, 허정虛靜과 같은 의미로서 고원한 정신의 경지와 그런 경 지에 이른 사람의 행태를 형용하는 말이다. 둘째는, 신하들의 행위 방식인 유위有爲와 대립되는 말로서 제왕의 통치 행위를 표현하는 말이다. 셋째는, 권력에 간섭 받지 않고 자연에 순응하며 살아가는 소박한 삶을 가리키는 의미이다. 서로 모순되어 보이는 듯한 이들 의 용례는 그리 불협화음인 것은 아니다.

『장자』의 둘째 편인「제물론」에서 하늘의 퉁소 소리天籟에 대해 남곽자기南郭子綦는 이렇게 말한다. "수많은 것에 바람이 불어 서 로 다른 소리를 내고 있어도 각기 스스로가 소리를 내는 것이다. 그 러나 모두 각자가 소리를 낸다고 생각하지만 정말로 사나운 소리가 나게 하는 것은 누구이겠느냐?" 제왕은 전국시대 중국에서 전란을 그치게 하고 평화를 가져다 줄 신성한 구세주를 가리키는 말이었다. 전쟁과 혼란이 그치지 않던 당시 사회에서 장자는 옛 신화에 의지하여 구세주 제왕의 도래를 염원하던 선지자의 모습도 갖고 있던 듯하다.

앞의 인용문에서도 나타나듯이 그가 바라던 제왕은 천하 통일의 군주라기보다는 다양한 삶의 방식을 수호하고, 개체의 온전한 삶을 보장해 주는 자연의 순응자로서의 군주였다. 「응제왕」에서는 "각 사물의 자연스러운 본성에 순응하고, 사사로움을 용납하지 않는다면 천하가 다스려질 것이다."라는 대원칙을 제시한다. 이런 의미에서 볼 때 『장자』에서 말하는 제왕의 무위 정치는 '다양성의 공존'을 인정하고 이를 추구하는 정치적 이념의 천명이었던 것으로 생각할 수 있다. 「전자방」에 나오는 이야기는 이를 잘 보여 준다. 옛 주周나라의 문왕文王이 꿈에 본 노인을 만나 그를 기용하였는데, 그는 어떠한 법령도 인사 이동도 없이(無爲) 정치를 시행하였다. 그런데 삼 년이 지나자 온 나라가 화합하여 잘 다스려졌다는 것이다.

장자는 이러한 시대 상황 속에서 제왕의 철학을 추구하였으나 그 자신은 부림당하는 삶을 사는 존재임을 자각한다. 제왕이 되기는커녕 제대로 된 취직조차 하지 못한 불우한 삶에서 그의 생각은 바뀐다. 그는 부림당하는 삶의 처지를 이렇게 빗대어 표현한다.

원숭이를 부리는 사람이 원숭이에게 도토리를 먹이로 주면서 "아침에 세 개, 저녁에 네 개를 주마."라고 했더니 원숭이들이 모두 화를 냈다. 그러나 "그럼 아침에 네 개, 저녁에 세 개를 주마."라고 했더니 원숭이들이 모두 좋아했다. 말의 내용도 도토리의 개수도 변함이 없는데, 원숭이들의 좋아하고 화내는 감정은 조종을 당한 것이다.

「제물론」

이 이야기가 바로 『장자』의 유명한 '조삼모사朝三暮四'이다. 아침에 세 개, 저녁에 네 개를 주는 것이나 아침에 네 개, 저녁에 세 개를 주는 것은 말의 내용이나 개수는 전혀 차이가 없다. 그럼에도 원숭이들이 어리석게도 어떤 때는 화를 내고 어떤 때는 좋아하더라는 것이다. 부림당하는 처지에서 사는 삶은 이와 다르지 않다. 심지어 법가의 사상가 한비자는 사람을 부리기 위해서는 오로지 두 가지, 당근과 채찍이면 충분하다고 생각했다. 이 당근과 채찍은 상벌賞罰이다.

하지만 장자가 추구한 삶은 아주 소박한 것이었다.

연못가에 사는 꿩은 열 걸음에 한 입 쪼아 먹고, 백 걸음에 한 모금 물을 마시지만 새장 속에 갇혀 살기를 바라지는 않는다. [새장에 갇혀 살면 먹이 걱정은 하지 않아도 되기에] 기력은 좋겠지만 속이 편하지 않기 때문이다. 「양생주」

연못가의 꿩은 열 걸음에 한 입, 백 걸음에 한 모금 물을 마시는 곤궁한 삶을 살지만, 몸과 마음이 자유롭기에 새장 속에서 길러지는 관상용 새보다는 행복하다. 길러지는 인생, 사육되는 인생보다는 조금 열악하고 가난해도 마음은 편안하고 자유로운 삶이야말로 진정한 행복으로 가는 길이라는 것이다. 이러한 것이 '진정 자신의 삶을 누리고 향유하는 삶'이라고 한다면, 그것이 오히려 진정으로 자신의 삶을 크게 쓰는 것이 아닐까라고 장자는 생각한 것이 아닐까?

똥 오줌에도
도가 있소이다

『장자』는 도가道家 철학의 대표적인 문헌으로 간주되어 왔다. 도가가 도가로 불리는 것은 도道라는 용어의 빈번한 사용과 거기에 심원한 철학적 함축을 두고 있다는 점에 있다. 「지북유」에는 '지'라는 의인화된 인물이 도가 무엇인지 알고 싶어 이리저리 묻고 다니는 이야기가 나온다.

지知가 북쪽으로 현수 물가에 놀러 가서 은분의 언덕에 올랐다가 마침 무위위를 만났다. 지가 무위위에게 이렇게 말했다. "내가 너에게 물어볼 것이 있다. 어떻게 생각하고 고민해야 도를 알 수 있으며 어떻게 처신하고 일해야 도에 편안할 수 있으며 무엇을 따르고 무엇을 말미암아야 도를 터득할 수 있는가?" 하고 세 가지를 물었는데 무위위가 대답하지 않았다. 사실은 대답하지 않은 것이 아니라 대답할 줄을 몰랐던 것이다.

지가 더 이상 물어보지 못하고 백수의 남쪽으로 돌아가서 호결 위에 올라서 광굴을 보았다. 지가 그 이야기를 가지고 광굴에게 물어보자 광굴이 말했다. "응! 내가 그것을 안다. 너에게 일러 주겠다." 하고는 말을 막 하려던 중에 말하고자 하던 것을 잊어버렸다.

지가 더 이상 물어보지 못하고 황제黃帝의 궁궐로 돌아가서 황제를 만나 물어보자 황제가 이렇게 말했다. "생각하지 말고 고민하지 말아야 비로소 도를 알게 되고 처신하지 말고 일하지 말아야 비로소 도에 편안할 수 있고 아무것도 따르지 말고 말미암지 말아야 비로소 도를 터득할 수 있을 것이다."

지가 황제에게 물었다. "나와 당신은 도에 대해서 알고 저 무위위와 광굴은 알지 못하는데 누가 옳은 것일까요?"

황제가 말했다. "저 무위위는 정말 제대로 아는 자이고 광굴은 비슷하게 아는 자이고 나와 당신은 끝내 도에 가까이 갈 수 없는 사람들이다. 무릇 아는 자는 말하지 아니하고 말하는 자는 알지 못하니 그 때문에 성인은 말하지 않는 가르침을 베푸는 것이다. […]

무릇 만물은 매한가지인데 자기가 아름답다고 여기는 것을 신기하다 하고 자기가 싫어하는 것은 냄새나고 썩었다고 한다. 그런데 냄새나고 썩은 것이 다시 신기한 것으로 바뀌고 신기한 것이 다시 냄새나고 썩은 것으로 바뀐다. 그 때문에 '천하를 통틀어 하나의 기(一氣)일 뿐이다.' 하고 말하는 것이니 성인은 그 때문에 하나를 중시한다.” 「지북유」

여기서 지知란 한자 그대로 지혜롭고 똑똑한 사람이란 뜻인데, 그가 묻고 다니니 그가 진정한 현자가 아님을 역설적으로 풍자한 이름이다. 무위위無爲謂란 글자 그대로 '말하지 않는다'는 '침묵하는 현인' 정도의 뜻이며, 지가 무위위를 만난 언덕인 은분隱弅 또한 '신비하여 알 수 없는 곳'이란 뜻을 갖는다. 마찬가지로 광굴狂屈이란 이름 또한 '자유로운 괴짜' 정도의 의미이고 그를 만난 호결狐闋이란 장소도 '의심이 멈추는 곳'이란 뜻으로 광굴이 비범한 사람임을 풍자한 말이다.

지가 도에 대해 묻자 무위위는 대답할 줄을 몰랐고, 광굴은 대답하다가 할 말을 잊어서 결국 대답하지 못하였다. 그런데 이런 상황을 친절하게 설명해 준 황제는 오히려 지에게 “나와 당신은 끝내 도에 가까이 갈 수 없”다고 말한다.

환공桓公이 당상에서 글을 읽고 있었는데 윤편輪扁이 당 아래에서 수레바퀴를 깎고 있다가 몽치와 끌을 내려놓고 위로 환공을 올려다보며 물었다. “감히 묻습니다. 임금께서 읽고 계시는 것은 어떤 말입니까?” 환공이 대답했다. “성인의 말씀이다.”
윤편이 말했다. “성인이 지금 살아 있습니까?”
환공이 말했다. “이미 죽었다.”

윤편이 말했다. "그렇다면 임금께서 읽고 계시는 것은 옛사람의 찌꺼기로군요."

환공이 말했다. "과인이 글을 읽고 있는데 수레 기술자 따위가 어찌 논의하는가. 그럴싸한 이유를 댄다면 괜찮겠지만 그렇지 못하면 죽임을 당할 것이다."

윤편이 말했다. "신은 신이 하는 일로 살펴보겠습니다. 수레바퀴를 여유 있게 깎으면 헐거워서 견고하지 못하고 너무 꼭 맞게 깎으면 빡빡해서 들어가지 않으니 여유 있게 깎지도 않고 너무 꼭 맞게 깎지도 않는 것은 손에서 터득하여 마음으로 호응하는 것이어서 입으로 말할 수 없습니다. 교묘한 기술이 그 사이에 있으니 신도 그것을 신의 자식에게 깨우쳐 줄 수 없고 신의 자식도 그것을 신에게 받을 수 없습니다. 이 때문에 나이가 칠십에 이르러 늙을 때까지 수레바퀴를 깎고 있습니다. 옛사람도 (말로는) 전할 수 없는 것을 함께 가지고 죽었을 것입니다. 그렇다면 임금께서 읽고 있는 것은 옛사람의 찌꺼기일 따름입니다." 「천도」

윤편은 여기서 말로 전할 수 없는 모종의 특수한 지식을 말한다. 도는 바로 그런 영역에 속하는 것이다. 또 때때로 여기저기 산재하는 도에 관한 『장자』의 설명은 대개가 역설적이고 황당하기까지 하다. 왜냐하면 도는 말로 표현될 수 있는 그 무엇이 아니기 때문이다. 도는 어디 있는가? 없는 곳이 없다. "하물며 똥 속에도 도가 있다!"고 『장자』는 갈파한다.

　동곽자가 장자에게 이렇게 물었다. "이른바 도는 어디에 있는지요?"

　장자가 대답했다. "있지 않은 곳이 없다."

　동곽자가 말했다. "꼭 찍어 말씀해 주셔야 알아듣겠습니다."

　장자가 말했다. "땅강아지나 개미에게 있다."

　동곽자가 말했다. "어찌 그리 낮은 것에 있습니까?"

　장자가 말했다. "돌피나 피 따위에 있다."

　동곽자가 말했다. "어찌 더 아래로 내려가십니까?"

　장자가 말했다. "기왓장이나 벽돌 조각에 있다."

　동곽자가 말했다. "어찌 더 심해지십니까?"

　장자가 말했다. "똥이나 오줌 속에 있다."

　동곽자가 대답하지 않았다.

　장자가 말했다. "그대가 물은 것은 본디 본질에 미치지 못한 것이다. 돼지 잡는 정획이 시장 관리인에게 물을 때 돼지의 넓적다리를 밟아 보는 것은 아래쪽으로 내려갈수록 살찐 것을 알기가 쉽기 때문이다. 그대가 어떤 사물에 도가 있느냐고 꼭 집어서 말하지 않으면 (도가) 어떤 물건에서든 떠날 수 없을 것이니 지도至道는 이와 같고, 훌륭한 말도 또한 그러하다. '두루', '널리', '모두' 이 세 가지는 명칭은 다르지만 실제의 내용은 같으니 그 뜻은 마찬가지이다. 늘 무하유無何有의 궁궐에 노닐면서 만물을 같은 것으로 보고 말하면 끝남이 없을 것이다. 늘 함께 무위하며 담담히 고요하며 아득히 맑을 것이며 고르고 한가할지어다. 그렇게 하면 내 뜻이 고요해질 것이니 갈 곳이 없어지는지라 이를 곳을 알지 못하며 떠나서 옴에 머물 곳을 알지 못하니 내가 이미 가고 옴에 끝나는 곳을 알지 못하는지라 커다란 풍광에서 방황하여 큰 지혜가 들어와 그 끝을 알지 못한다.

사물을 사물로 있게 하는 것은 사물과의 사이에 경계가 없으니 사물과의 사이에 경계가 있는 것은 이른바 사물의 경계라고 하는 것이다. 경계가 없는 경계는 경계가 경계로 나타나지 않는 것인지라 차고 비며 쇠락함이 있지만 저 도는 차고 비지만 실제로 차고 비는 것이 아니며 쇠락함이 있지만 쇠락하는 것이 아니며 저 도는 근본이 되기도 하고 지말이 되기도 하지만 근본이나 지말이 아니며 저 도는 쌓이고 흩어짐이 있지만 쌓이고 흩어지는 것은 아니다." 「지북유」

오늘날의 시각에서 보면 괴상하게 들리는 이러한 논법은 고대 도가의 우주론적 시각에서 보면 자연스러운 일이다. 『장자』에 따르면, 이 세계에 존재하는 모든 것은 다 기氣가 모이고 흩어지는 과정에서 생성된다. 이때의 기는 어떤 물질적인 재료의 의미뿐만 아니라 생명력을 갖추고 스스로 움직이는 살아 있는 것이다. 모든 존재를 생성하고 구성하는 이 기가 모이고 흩어지는 그 과정 자체를 바로 도라고 할 수 있다.

그런데 그 모이고 흩어지는 과정이 어떤 타자의 힘이나 개입에 의해 이루어지는 것이 아니기에 도는 '스스로 그러한(自然)' 것이기도 하다. 왜냐하면 도는 우리가 구분해서 알아야 하는 대상이 아니라 우리의 몸, 존재하는 모든 것 자체의 흐름을 말하는 것이기 때문이다. 이러한 흐름을 터득하는 것은 매우 중요하다.

어떤 존재도 도 밖에 따로 존재할 수는 없다. 달리 말해 도는 모든 개개의 사물, 우리의 몸 속에도 이미 존재하는 것이다. 즉 기가 모이고 흩어지는 과정에서 몸이 생성된 것이라면, 그 모이고 흩어지는 과정의 처음부터 우리의 몸은 도의 작용 안에 있는 것이다. 이렇게 우리의 몸 안에 존재하는 도를 『장자』는 덕德이라 부른다.

얼음 조각들이 두둥실 떠다니는 호수를 상상해 보자. 호수를 꽉 채우고 있는 물이 기라면, 호수 안에서 물이 이리저리 움직이는 흐름이 도가 되고, 그러한 물의 흐름에 따르면서 물과 살을 맞대고 제 몸을 유지하는 얼음 조각은 물物이며, 이 각각의 얼음 조각을 같은 기이면서도 하나의 개체로 유지시키는 힘, 그것이 덕德이 되는 것이다. 도道가 세계 전체의 변화와 흐름 자체 그리고 그러한 흐름을 가능케 하는 힘 전체를 말한다면, 각각의 개체(物) 안에 들어와 그 개체로 하여금 자기동일성을 유지케 하는 도는 덕德이라 하는 것이다. 따라서 세계는 기라는 측면에서 보면 같고 하나이지만, 도와 덕으로 말한다면 무한한 변화와 다양한 개체들이 살아 움직이는 거대한 생명의 세계인 것이다.

오래도록
살고 싶다면

오늘날의 우주(cosmos)에 해당하는 고전 중국어는 천지天地이다. 천지는 무한한 전체로서 기로 꽉 채워져 있는 터이며, 도가 드러나는 마당이기도 하다. 이러한 천지는 온갖 사물들로 가득 차 있는데 이러한 개별적 사물들을 통칭하여 만물萬物이라고 한다. 전체로서 말하면 천지이지만, 개체로서 말하면 만물의 세계인 것이다. 『장자』에서는 만물의 발생 과정을 이렇게 설명한다.

기가 모여(聚) 형체를 이루고(形), 형체를 갖게 되면 하나의 개체(物)가 된다. 이러한 개체들을 뭉뚱그려 만물이라 하는 것이다. 여기서 '형체를 갖는다'는 것은 "모양과 형상, 소리와 빛깔을 가진다."(「달생」)는 의미이다. 즉 우리의 감각기관을 통해 구별 가능한 하나의 개체를 이룬다는 말이다.

다음의 이야기는 장자가 생각하는 우주의 과정과 삶의 목적이 어디에 있는가를 소개하는 개괄적인 이야기이다.

생명의 실정에 통달한 사람은 어떻게 할 방법이 없는 삶을 이루기 위해 애쓰지 않고, 운명의 실상을 달관하고 있는 사람은 어찌할 수 없는 명을 벗어나기 위해 힘쓰지 않는다. 육체를 길러 보전하기 위해서는 반드시 물질을 먼저 마련하지 않을 수 없지만 물질이 넉넉함에도 육체가 길러지지 않는 경우가 있다. 생명을 보전하기 위해서는 반드시 육체를 먼저 유지하지 않으면 안 되지만 육체는 유지하고 있으면서도 목숨을 잃는 경우가 있다.

생명이란 찾아오는 것을 물리칠 수 없으며 가는 것을 멈추게 할 수 없는 것이다. 슬프다. 세상 사람들은 육체를 잘 기르기만 하면, 족히 생명을 보존할 수 있다고 생각하는데 만약 육체를 잘 기르는 것만으로 결코 생명을 보존하기에 부족하다면 세속인들이 육체를 기르려는 노력이 어찌해 볼 만한 가치가 있는 것이겠는가. 비록 해볼 만한 가치가 없는 것이라 하더라도 하지 않을 수 없는 것은 그것을 피할 수 없기 때문이다.

무릇 육체를 기르려는 집착에서 벗어나려고 한다면 세속과의 관계를 끊어 버리는 것이 가장 좋은 방법이다. 세속과의 관계를 버리면 얽매임이 없게 되고 얽매임이 없게 되면 마음이 바르고 평안해지고 마음이 바르고 평안해지면 저 육체와 함께 삶을 다시 시작하게 될 것이니, 삶을 다시 시작하게 되면 거의 '향유하는 삶(達生)'에 가까울 것이다.

세상의 일이 어찌 족히 버릴 수
있는 것이겠으며 생명이 어찌
족히 잊을 수 있는 것이겠는가
마는 세속의 일을 버리면 육체
가 피로하지 않게 되고 생명에
대한 집착을 잊어버리면 정기가

『장자』의 「달생」 편.

손상되지 않을 것이니, 무릇 육체가 완전해지고 정기가 회복되면 자
연(天)과 그대로 하나가 될 것이다. 천지라고 하는 것은 만물의 부
모이다. 천과 지가 합하면 만물의 형체를 이루고 천과 지가 흩어지
면 만물의 시작을 이룬다. 육체와 정기가 손상되지 않는지라, 이것
을 일컬어 '자연과 함께 변화할 수 있다.'고 하니 육체와 정기를 정묘
하게 하고 또 정묘하게 할 수 있다면 생명의 근원으로 되돌아가 천
지의 작용을 도울 수 있을 것이다. 「달생」

장자는 이 구절에서 인간의 생명이 하늘과 땅으로부터 오는데,
삶을 향유하는 데에는 육체를 기르는 것보다 정신을 기르는 것이
우선하며 그런 뒤에야 진정으로 자신의 삶을 향유할 수 있다고 본
다. 그런데 기가 하나의 개체로 모이게 될 때, 각각의 개체는 각각
의 고유한 성격을 지니게 된다. 다 같은 사람이면서도 얼굴이나 신
체의 모습, 음성과 눈빛이 개인마다 다른 것은 바로 각각의 개체가

갖는 고유성, 즉 덕德이 다르기 때문이다.

　이렇게 볼 때 『장자』가 그리는 이 세계의 모습은 기의 측면에서 보면 하나로서의 전체를 이루고 있지만, 그 안을 자세히 들여다보면 수없이 많은 사물들로 가득한 다양성의 세계이기도 하다. 그러한 수많은 물物 가운데 한 종이 우리 인간이며, 또 그 수많은 인간들 가운데 하나가 각각의 개인인 것이다. 이러한 개체들은 늘 기가 모이고 흩어지는 과정에서 나오는 한갓된 존재이기도 하다. 「양생주」에서는 지칠 줄 모르는 지식에의 욕구로 가득한 인간을 향해, "우리의 삶은 한계가 있으나 앎에는 한계가 없다. 한계가 있는 것으로 한계가 없는 것을 좇으니 위태롭기 그지없다."고 경고한다. 여기서 『장자』가 조롱하는 지식이란, 인간 세계의 끝없는 다툼과 혼란의 원인이 되는 시비是非의 구분에 관한 것이다. 어떤 일이든 또 다른 관점에서 보면 늘 다를 수 있고, 사람에 따라 상황에 따라 기준에 따라 진상은 달리 보일 수 있는 것이다. 나의 눈으로 다른 사람을 보는 것, 내가 속한 집단의 기준으로 다른 집단을 보는 것이 얼마나 위험한가를 『장자』는 지적하고 있는 것이다.

　가을이 되자 물이 불어나 모든 물이 황하로 흘러들어 출렁이는 물결의 광대함이 양쪽 기슭에서 (건너편) 물가에 있는 소와 말이 구별되지 않을 정도였다. 이런 때에 황하의 신 하백은 흔연히 스스로 기뻐하여 천하의 아름다움이 모두 자기에게 집중되어 있다고 생각했다.

흐름을 따라 동쪽으로 흘러가서 북해에 이르러 동쪽을 바라보았더니 (아무리 보아도 망망대해가 보일 뿐) 물의 끝을 볼 수 없었다.

이때에 하백이 비로소 그 얼굴을 돌려 멍한 눈으로 북해의 신 약若을 바라보고 탄식하며 이렇게 말했다. "세간의 속담에 이르기를 '도에 대해 조금 들었다고 세상에 나만 한 사람이 없다고 우쭐댄다.'고 했는데 바로 나 같은 사람을 두고 한 말입니다. 뿐만 아니라 나는 일찍이 중니의 견문을 적다 하고 백이의 의로운 행동을 가벼이 여기는 이야기를 듣고 처음에는 내가 그것을 믿지 않았더니만, 지금 나는 그대의 끝을 헤아리기 어려운 광대함을 보았습니다. 그러니 내가 당신의 문에 이르지 않았던들 위태로울 뻔했습니다. 나는 (하마터면) 대도를 깨달은 사람들에게 길이 비웃음을 당할 뻔했습니다."

북해 약이 말했다. "우물 안 개구리에게 바다에 관한 이야기를 해줄 수 없는 것은 (우물 안 개구리가) 자신이 머무는 곳에만 얽매여 있기 때문이며, 여름 버러지에게 얼음에 관한 이야기를 해줄 수 없는 것은 (여름 버러지가) 자신이 사는 때에만 얽매여 있기 때문이며, 곡사曲士에게 도에 관한 이야기를 해줄 수 없는 것은 (곡사들이) 자기가 알고 있는 교리에 속박되어 있기 때문이다. 이제 그대는 황하의 양쪽 기슭 사이에서 벗어나 큰 바다를 보고 마침내 그대 자신의 보잘것없음을 알았으니, 그대와는 함께 커다란 도리에 관해 이야기할 만하다. 천하의 물은 바다보다 넓은 것이 없다. 온갖 하천의 물이 바다로 흘러드는데 어느 때에 그치는지 알 수 없지만 가득 차지 않으며 미려로 빠져나가는데 어느 때에 그치는지 알 수 없지만 고갈되지 아니하며 봄이나 가을의 계절에 따라 변화하지 않으며 홍수가 나든 가뭄이 들든 그것에 좌우되지 않는다. 이 바다가 장강이나 황하 따위의 흐름보다 나은 정도는 수로 헤아릴 수 없을 정도이다. 그럼에도 내가 이것을 가지고 스스로 많다고 자랑하지 않은 까닭은 스스로 생각건대 내가 천지 사이에 형체를 의탁하고 음양에게 기를 받은 존재인지라 내가 천지 사이에 있는 것은 마치 작은 돌이나 작은 나무가 큰 산에 있는 것과 같기 때문이다. 바로 작다는 것이 드러나니 또 어찌 스스로 많다고 자랑할 수 있겠는가.

사해四海(에 둘러싸여 있는 이 세계)가 천지 사이에 있는 것을 헤아려 본다면 개미구멍이 큰 소택沼澤 가에 있는 것 같지 아니한가. 중국이 해내海內에 있는 것을 따져 본다면 돌피의 낟알이 커다란 창고에 있는 것 같지 아니한가. 사물의 수를 만이라고 일컫지만 사람은 그중의 하나에 지나지 않으며 사람들이 구주九州에 살면서 곡식이 자라고 배와 수레가 소통하는 공간 가운데 개인이 차지하는 것은 그 일부분에 지나지 않는다. 이것을 만물과 견주어 본다면 털끝 하나가 말 몸에 붙어 있는 것 같지 않은가. 오제가 서로 이어 계승해 오고 삼왕이 서로 쟁탈하고 어진 사람이 근심하고 세상을 다스리는 이들이 수고한 것이 모두 이 작은 인간 사회의 일을 극진히 한 것에 지나지 않는 것이다. 그런데 백이는 그것을 사양하여 명예를 얻었고 중니는 그것을 말하여 박식하다고 칭찬을 받았으니 백이와 중니가 이

같은 것을 가지고 스스로 많다고 자랑하는 것은 아까 그대가 스스로 물이 많다고 자랑한 것과 같지 아니한가.” 「추수」

「추수」에서는 자신이 크다고 자만하다가 바다의 광대함에 놀란 황하의 신 하백에게 북해의 신 약이 말한다. “우물 속에 사는 개구리에게 바다에 대해 말해 보았자 소용없는 것은 자신의 좁은 소견에 사로잡혀 있기 때문이다. [⋯] 너는 좁은 강에서 나와 이 큰 바다를 보고 놀라지만 [⋯] 내가 천지 사이에 있는 것 또한 마치 자갈이나 작은 나무가 거대한 산속에 있는 것과 같은 꼴이다. [⋯] 도道의 입장에서 보면 사물에 귀천貴賤이 없지만, 사물(자신)의 입장에서 보면 자신은 귀하고 상대방은 천하다고 하는 법이다.”

보편주의적 관점과 상대주의적 관점을 극명하게 대비시키고 있다. 여기서 말하는 보편주의적 관점이란 어떤 특정의 보편적 가치기준을 세운다는 의미와는 다르다. 오히려 '기준의 다원성 혹은 다양성'이란 의미로 보는 것이 쉽겠다. 상대주의적 관점이란 각기 자신의 입장에서 보는 관점이라는 단순한 의미이다. 이로 인해『장자』의 인식론적인 관점을 회의주의로 보는 시각도 있고, 불가지론으로 보는 시각도 있다. 그러나『장자』가 말하고자 한 것이 인식의 문제가 아니라는 점을 고려한다면 이는 '다양성의 존중' 혹은 '다름의 인정'이라는 친근한 주제로 이해할 수 있다.『장자』의 사상을 관통하는 정신이 무엇보다도 다원주의의 옹호에 있었기 때문이다.

그렇다면 모래펄의 수많은 모래알 가운데 하나와도 같은 우리네 물(物), 인간은 어떠한 존재일까?『장자』에 따르면 인간은 무엇보다 욕망을 추구하는 존재이다. 몸(身)을 지니고 살아가는 인간 존재에게 욕구가 있는 것은 당연한 것이다. 그러나 문제는「지락」에서 말하듯, 인간은 "경제적 성공과 신분 상승, 명예, 신체의 안락함, 맛좋은 음식, 화려한 의복, 아름다운 노래와 미녀에 둘러싸인 쾌락적인 삶"과 같이 생리적 욕구를 넘어서는 외물을 추구한다는 데 있다. 이를 위한 경쟁적 삶은 "서로 아웅다웅 거스르고 부대끼며, 때론 말달리듯이 치닫기도 하나 이를 그치게 할 수 없기에 슬픈" 것이다. 그래서「변무」에서는, "소인들은 몸 바쳐 이익을 추구하고, 선비들은 몸 바쳐 명예를 추구하고, 대부들은 몸 바쳐 영토를 넓히려 하고, 성인은 몸 바쳐 천하를 다스렸다. 이들이 한 일은 서로 다르고 명예도 다르지만 자신들의 본성(생명)을 해치며 외물을 추구한 것은 다를 바 없다."며 한탄한다.

그런 의미에서 상식적으로 알려진 한 가지 생각을 검토해 볼 만하다. 즉 장자는 과학기술을 반대하였다는 것이다. 하지만 이 논의에서 가장 중요한 말 '기심機心'은 '편리함을 추구하는 마음'이 아니라 '최소 투자 최대 효과'라는 효율성을 추구하는 마음이다. 장자는 기술적 성취를 부정하였다기보다 효율성을 추구하는 삶의 방식을 멀리한 것이라 보는 것이 타당하다.

자공이 남쪽 초나라를 여행하고 진晉나라로 돌아올 때 한수의 남쪽을 지나다가 한 노인이 야채밭에서 막 밭일을 하고 있는 것을 보았다. 땅을 파서 길을 뚫고 우물에 들어가 항아리를 안고 나와 밭에 물을 대고 있었는데 끙끙대면서 힘은 많이 쓰지만 효과는 적었다. 자공이 노인에게 이렇게 말했다.

"여기에 기계가 있는데 하루에 백 이랑이나 물을 댈 수 있습니다. 힘은 아주 조금 들이고도 효과는 크게 얻을 수 있으니 어르신은 그걸 원하지 않으십니까?"

밭일하던 노인이 얼굴을 들어 자공을 보고는 이렇게 말했다.

"어떻게 하는 건데?"

자공이 대답했다.

"나무에 구멍을 뚫어 기계를 만들되 뒤쪽은 무겁고 앞쪽은 가볍게 하면 잡아당기듯 물을 끌어올리는데 콸콸 넘치듯이 빠릅니다. 그 이름은 두레박이라고 합니다."

밭일하던 노인은 불끈 얼굴빛을 붉혔다가 웃으면서 말했다.

"나는 내 스승에게 들으니, '기계를 갖게 되면 반드시 기계로 인한 일이 생기고, 기계로 인한 일이 생기면 반드시 기계로 인한 욕심(機心)이 생기고, 기심이 가슴속에 있으면 순수 결백함이 갖추어지지 못하고, 순수 결백함이 갖추어지지 못하면 신묘한 본성(神生)이 안정을 잃게 된다. 신생이 불안정하게 된 자에게는 도가 깃들지 않는다.'라고 했다. 내가 (두레박의 편리함을) 모르는 바는 아니나 부끄럽게 생각하여 쓰지 않을 뿐이다."

자공은 겸연히 부끄러워 고개를 숙인 채 대답하지 못하고 있었는데 얼마 있다가 밭일하던 노인이 말했다.

"당신은 무엇하는 사람인가?"

자공이 말했다. "공구의 문인입니다."

밭일하던 노인은 말했다.

"그대는 박학함으로 성인 흉내를 내며 말도 안 되는 소리로 많은 사람을 혼란에 빠뜨리고서 홀로 거문고를 타면서 슬픈 목소리로 노래하여 온 천하에 명성을 팔려는 자가 아닌가. 그대는 지금이라도 그대의 신기(神氣)를 잊고 그대의 신체를 버려야만 도(道)에 가까워질 것이다. 그대는 그대의 몸조차도 다스리지 못하는데 어느 겨를에 천하를 다스릴 것인가. 그대는 이만 가보시게. 내 일 방해 말고."

자공이 부끄러워 얼굴이 창백해져서 자신을 잊은 채 정신을 못 차리고 삼십 리나 간 뒤에야 겨우 정신을 차렸다. 자공의 제자가 물었다.

"아까 그 사람은 어떤 사람입니까? 선생께서는 무슨 까닭으로 그를 만나 보고서는 얼굴빛을 바꾸고 창백해져 종일토록 평소의 모습을 회복하지 못하셨습니까?"

자공이 이렇게 대답했다.

"처음에 나는 천하에 우리 선생님 한 분뿐이라고 생각해서 다시 그 위에 그런 분이 있다는 것을 알지 못했다. 나는 선생님한테서 듣기로, '일은 잘되기를 구하고, 공은 이루어지기를 구하여 힘은 적게 들이고 효과는 많이 얻는 것이 성인의 도이다.'라고 하셨는데, 이제 비로소 그렇지 않음을 알았다. 도를 확고하게 잡으면 덕이 완전하게 갖추어지고, 덕이 완전히 갖추어지면 육체가 완전히 갖추어지고, 육체가 완전히 갖추어지면 정신이 완전히 갖추어지니, 정신이 완전히 갖추어지는 것이야말로 성인의 도이다. (이 성인은) 자신의 삶을 세상에 맡겨서 백성들과 함께 나란히 걸어가지만 어디로 가는지 알지 못한다. 멍한 모습으로 순박함을 온전히 갖추고 있는지라 일의 효과와 이익, 기계와 기교 따위는 반드시 그의 마음에는 존재하지 않을 것이다. 그 같은 사람은 자기의 뜻에 맞지 않으면 어디에도 가지 않고, 자기의 마음이 원치 않으면 어떤 일도 하지 않아서 비록 온 천하 사람들이 칭찬하면서 그가 하는 말이 옳다 해도 오연히 돌아보지 아니하고, 온 천하 사람들이 그를 비난하면서 그의 생각을 잘못이라 해도 태연히 들은 체하지 않는다. 온 천하가 비난하고 칭찬해도 그에게는 아무런 손익이 없으니 이런 사람을 일컬어 내면의 덕이 온전히 갖추어진 사람이라 할 것이다. (그에 비하면) 나 같은 사람은 바람에 흔들리는 물결처럼 남의 비난과 칭찬에 흔들리는 인간이다."

「천지」

이 대화에 등장하는 주인공은 공자의 제자인 자공과 노인인데, 나중에 자공이 노인과 겪었던 일을 전하자 공자는 그 노인이 실천하고자 했던 것을 '혼돈씨渾沌氏의 도술道術'이라고 부른다. 노인이 한 말을 근거로 그 의미를 따져 보면, '혼돈씨의 도술'이란 몸을 다스리는 하나의 방법으로서 정신精神의 안정을 지키는 것을 의미하는 듯하다.

장자는 공자의 입을 빌어 도술의 의미를 부각시키려 했던 것으로 보인다. 여기서 도술이란 바로 자신의 삶을 향유하고 보전하는 방법으로서 양생養生의 의미이다. 당시 양생은 '몸을 기르는 것'(養形)과 '정신을 기르는 것'(養神)을 둘러싸고 약간의 논쟁이 있었는데, 장자 계열의 학파는 정신을 기르는 것이 더욱 본질적이고 중요하다는 입장을 취한다. 양생이 인간 스스로 주어진 삶을 향유하고 생명을 보전하는 방법이라면 이를 실천하는 것을 '도술'이라 할 수 있는데, 이러한 도술의 비법을 전하는 것이 그 유명한 소 잡는 백정의 이야기이다.

포정이 문혜군을 위해서 소를 잡는데, 손으로 쇠뿔을 잡고, 어깨에 소를 기대게 하고, 발로 소를 밟고, 무릎을 세워 소를 누르면, (칼질하는 소리가) 처음에는 획획 하고 울리며, 칼을 움직여 나가면 **쐐쐐** 소리가 나는데 모두 음률에 맞지 않음이 없어서 상림의 무악에 부합되었으며, 경수의 박자에 꼭 맞았다.

문혜군이 말했다. "아! 훌륭하구나. 기술이 어찌 이런 경지에 이를 수 있는가!"

포정이 칼을 내려놓고 대답했다. "제가 좋아하는 것은 도인데, 이것은 기술에서 더 나아간 것입니다. 처음 제가 소를 해부하던 때에는 눈에 비치는 것이 온전한 소 아님이 없었습니다. 그런데 3년이 지난 뒤에는 온전한 소는 보이지 않게 되었습니다. 지금은 제가 신을 통해 소를 대하고, 눈으로 보지 않습니다. 감각기관의 지각 능력이 활동을 멈추고, 대신 신묘한 작용이 움직이면 자연의 결을 따라 커다란 틈새를 치며, 커다란 공간에서 칼을 움직이되 본시 그러한 바를 따를 뿐인지라, 경락과 궁경이 (칼의 움직임을) 조금도 방해하지 않는데 하물며 큰 뼈이겠습니까? 솜씨 좋은 백정은 일 년에 한 번 칼을 바꾸는데 살코기를 베기 때문이고, 보통의 백정은 한 달에 한 번씩 칼을 바꾸는데 뼈를 치기 때문입니다. 지금 제가 쓰고 있는 칼은 19년이 되었고, 그동안 잡은 소가 수천 마리인데도 칼날이 마치 숫돌에서 막 새로 갈아 낸 듯합니다. 뼈마디에는 틈이 있고 칼날 끝에는 두께가 없습니다. 두께가 없는 것을 가지고 틈이 있는 사이로 들어

가기 때문에 넓고 넓어서 칼날을 놀리는 데 반드시 남는 공간이 있게 마련입니다. 이 때문에 19년이 되었는데도 칼날이 마치 숫돌에서 막 새로 갈아 낸 듯합니다. 비록 그러하지만 매양 뼈와 근육이 엉켜모여 있는 곳에 이를 때마다, 저는 그것을 처리하기 어려움을 알고, 두려워하면서 경계하여, 시선을 한 곳에 집중하고, 손놀림을 더디게 합니다. (그 상태로) 칼을 매우 미세하게 움직여서, 스스륵 하고 고기가 이미 뼈에서 해체되어 마치 흙이 땅에 떨어져 있는 듯하면, 칼을 붙잡고 우두커니 서서 사방을 돌아보며 머뭇거리다가 제정신으로 돌아오면 칼을 닦아서 간직합니다."

문혜군이 말했다. "훌륭하다. 내가 포정의 말을 듣고 양생의 도를 터득했다." 「양생주」

『장자』가 말하는 '생명 보전하기(養生)'는 신체적이면서 동시에 사회적인 것이다. 몸을 보전한다는 것은 신체의 건강을 유지하는 것은 물론 사회적 다툼 속에서 살아남는 처세의 논리까지 포함하고 있다. 그런데 『장자』는 한편으로는 어리숙하고 소박한 삶의 태도를 권장한다. 앞에 나온 「산목」의 이야기가 있다. 산속에 커다란 나무가 있었는데 그 나무는 옹이와 잔가지가 많아 쓸모가 없어 나무꾼의 칼에 베이지 않았다. 한편 장자의 친구는 장자를 대접하기 위해 울 줄 아는 거위는 살려 두고 울 줄 모르는 거위를 가마솥에 삶았다. 이 두 상황을 지켜본 제자가 어느 쪽을 지지하겠느냐고 묻자 장자는 "나는 그 어느 쪽도 아닌 중간에 처하겠다."고 대답한다. 혼탁한 흙탕물 같은 세상에서는 섞여 살아야 하는 법이다. 칼도 뽑을 만할 때 뽑아야 하는 법이다. "진정으로 능력 있는 사람은 그 힘을 드러내지 않는 법"이라고 『장자』는 말한다. 그렇지 못하다면 조용히 어리숙하게 사는 것이 양생의 비법이다. 이것이 진인眞人의 삶이다.

누구나 쉽게 진인이 될 수 있는 것은 아니다. 꿈틀거리는 욕망이란 쉽게 제어할 수 있는 것이 아니기 때문이다. 여기에도 상당한 훈련과 노력이 필요하다. 『장자』는 이러한 욕망의 절제를 위한 비법으로 심재心齋와 좌망坐忘을 이야기한다. 심재란 마음을 비우고 투명한 정신 상태를 유지하는 마음 공부라 할 수 있고, 좌망이란 욕망의 주체인 몸을 잊는 것을 말한다. 이 두 가지는 모두 허정虛靜이라는 말로 요약할 수 있는데, 『장자』에서 허정은 사려思慮와 대비되는 뜻으로 쓰인다. 여기서 말하는 사려란 오늘날의 긍정적 의미와는 달리, 지나치게 정신력을 소모하여 몸을 쇠잔하게 하는 걱정과 근심이라는 뜻이다. 한의학에서는 건강을 상하게 하는 심각한 원인으로 사려를 꼽는다. 욕망은 크지만 그것이 실현되지 않을 때 사람은 걱정하기 마련이다. 따라서 "마음을 비우고 정신을 맑게 하는 것(虛靜)"은 매우 중요한 양생의 비법이라고 『장자』는 말한다. 이와 같은 『장자』의 양생 사상은 후대에 한의학과 도교에 커다란 영향을 미치기도 하였다.

무하유 마을에서
들려오는 메아리

어느 사상가든 그가 꿈꾸는 이상 사회의 모습은 그가 지향하는 사상의 궁극적인 요점을 드러내기 마련이다. 이는 『장자』도 마찬가지다. 『장자』에서 나타나는 이상향은 크게 두 가지로 구분할 수 있다. 하나는 '지극한 덕의 세상(至德之世)'이고 다른 하나는 태평太平이라 할 수 있다.

그대만이 유독 지극한 덕의 세상을 모른단 말인가! 옛날 용성씨, 대정씨, 백황씨, 중앙씨, 율육씨, 여축씨, 헌원씨, 혁서씨, 존노씨, 축융씨, 복희씨, 신농씨와 같은 제왕의 시대가 있었다. 그때 백성들은 글자 대신 밧줄의 매듭을 기호로 썼고 그들이 먹는 식사를 맛있게 여겼으며, 그들이 입는 옷을 훌륭하다 생각했고, 그들의 소박한 풍속을 즐기며 그들이 사는 집을 편안하게 여겼다. 이웃 나라가 앞에 보이고 닭이나 개 우는 소리가 서로 들릴 정도였지만 백성은 늙어 죽을 때까지 오가지를 않았다. 이와 같은 시대야말로 가장 잘 다스려진 시대이다. 「거협」

여기서 묘사하고 있는 '지극한 덕의 세상'은 중국을 최초로 통일한 신화적 인물 황제黃帝의 치세 이전으로서, 시간적으로 먼 과거—신화학적 표현으로는 '태초'에 해당—에 인류 사회에 완벽한 질서가 구현되었던 시대를 말한다. 황제에 앞서 나열되고 있는 옛 제왕들은 단일한 계보를 순차적으로 잇는 통치자들로 서술되고 있지 않다. 단지 그 시대의 백성들이 향유하는 소박한 삶의 모습에 주안점이 있을 뿐이다. 이런 구절들 속에서 목가적인 정취와 자연스러운 삶이 자아내는 순박성을 힘들이지 않고 흠뻑 느낄 수 있다. 「마제」의 목소리는 이런 음향을 보다 분명하게 전달하고 있다.

내 생각에는 천하를 잘 다스리는 자는 그런 짓을 하지 않는다. 저 백성에게는 늘 그러한 본성(常性)이 있다. 직조해서 옷을 입고 땅을 갈아 식량을 얻으니 이를 덕德을 함께 한다고 한다. 백성은 각기 동떨어져 있으며 무리를 짓지 않는다. 이것을 일컬어 하늘이 내린 자유(天放)라 한다. 때문에 '지극한 덕의 세상'에서는 사람들의 행동이 유유자적하며 눈매가 밝고 환하다. 그 무렵 산에는 길이 없고 못에는 배나 다리가 없으며 만물이 무리지어 생겨나 사는 곳에 경계를 두지 않았다. 새나 짐승은 떼 지어 살고 초목은 마음껏 자랐다. 그래서 새와 짐승을 끈에 매어 노닐 수가 있었고 까치 둥지에도 올라가 들여다볼 수 있었다. 대저 지극한 덕의 세상에서는 사람들이 새나 짐승과 함께 살고, 만물과 나란히 모여 있었다. 그런데 어찌 군자와 소인을 헤아리겠는가! 어리숙하니 아무 지식도 없어서 제 본래의 덕德을 떠나지 않았다. 어리숙하니 아무 욕망도 없었으니 이를 소박素朴이라 한다. 소박하므로 백성의 자연스러운 본성이 얻어졌다. 그러나 성인이 나타나게 되자 애써 인仁을 행하고 허둥지둥 의義를 행해서 온 천하가 비로소 의혹을 품게 되었다. 「마제」

'소박'은 도가적 사회, 정치 철학의 핵심 개념이다. 보편주의를 지향하는 유가적 '인의'의 가치는 인간 본래의 소박한 삶을 파괴하는 간섭적 수단으로 비판된다. 이 편의 저자들은 황제로부터 비롯되는 유가적 인의의 질서와 덕의 질서를 극명하게 대비시키고 있다. 이들에게서 '덕'이란 한 개체의 형태와 성격을 결정하는 자율적 원리로, 그리고 특정 씨족이나 공동체의 정체성을 형성하는 자치적 관습이나 규약을 의미한다. 즉 인간 일반에게 통용되는 보편 원리로서의 인의와는 대비되는 자율과 자치의 근거로 덕은 기능한다. 따라서 '지극한 덕의 세상'을 그러한 덕이 온전하게 실현된—저자 자신들의 관점으로 한다면 '보장된'—사회에 대한 간절한 소망을 드러내는 것으로 볼 수 있다.

'소박'이란 본래 도가적 질서의 원형인 '혼돈渾沌'의 다른 표현이며, 조셉 니이담Joseph Needham이 '원시적 농경 공동체로의 회귀 혹은 그에 대한 향수'라고 말했던 도가의 사회적 이상을 지라도Giradot는 '시원으로의 회귀(Returning to the beginning)'라는 보다 넓은 신화학적 지평에서 이해하고자 한다.『장자』의 전원적이고 농경적인 이상 속에서 탈정치적이면서 동시에 규범적인 서술들을 늘 확인하게 되는 것은 이런 이유로 보아야 한다.

지극한 덕의 세상에서는 현자라고 우러르지 않고 재능이 있다고 쓰지 않으며 위에 있는 사람도 높은 나뭇가지처럼 위에 있을 뿐이고, 백성은 들판의 사슴처럼 자유로왔지. 단정하게 거동해도 그것을 의롭다 여기지 않고 서로 사랑해도 그것을 어질다고 생각지 않으며 성실해도 그것을 정성이라 여기지 않고 일이 약속대로 이루어져도 그것을 미덥다 여기지 않고 꿈지럭거리며 움직여 남을 위해 일해도 그것을 은혜라고 여기지 않았지. 그러니까 무엇을 실행해도 자취가 없고 일이 있어도 전해지지 않았던 거야. 「천지」

「산목」에 나오는 '덕을 세운 나라'에 대한 묘사 또한 이제까지 우리가 살펴본 지극한 덕의 세상과 거의 일치한다. 차이가 있다면 다만 지극한 덕의 세상이 시간적으로 먼 과거에 있던 것이라면, 덕을 세운 나라는 공간적으로 먼 남쪽에 존재한다는 점이다.

저 남쪽 월나라에 어떤 마을이 있는데 그 이름을 '덕을 세운 나라(建德之國)'라고 합니다. 그 마을의 백성들은 어리숙하면서 소박하고 사사로움이 적고 욕심이 적습니다. 지을 줄은 알면서 숨길 줄을 모르고, 줄 줄을 알면서 그에 대한 보답을 받으려 하지 않습니다. 사람으로서의 도리에 마땅한 것을 알지 못하고 의식을 차릴 곳을 모릅니다. 마치 미친 사람들처럼 일정한 격식 없이 옮겨 다니지만 그들의 발걸음은 저 대도를 따라 거닙니다. 살아서는 삶을 즐기고, 죽어서는 편안히 묻힙니다. 원컨대 군주께서는 나라를 버리고 세속의 번잡한 일을 내던지고, 도가 인도하는 대로 길을 떠나시기 바랍니다.

「산목」

자신의 공업功業이 이루어지지 않음에 대해 심히 불만을 나타내는 노魯의 제후에게 시남의료市南宜僚는 정치적 야심 자체가 삶을 억압하는 족쇄라고 지적하면서, 야비한 현실의 정치를 떠나 소박하고 자연스러운 삶이 가능한 '덕을 세운 나라'로 떠날 것을 종용한다. 이렇게 현실 정치로부터 물러나 시간적으로든 공간적으로든 소박한 공동체적 삶으로의 회귀를 주장하는 것은 『장자』의 편들에서 가장 널리 발견되는 주제의 하나이다.

춘추 이래 중국 지역에서는 전쟁이 끊이지 않았고 이어진 전국시대에는 영토 겸병 전쟁의 양상으로 변하여, 그 치열함과 격렬함은 극에 달하였다. 주대周代 이래의 봉건 질서는 완전하게 파괴되었고 본래의 향촌 질서는 중앙 집권화된 강력한 권력을 중심으로 재편되고 있었다. 당시에 있었던 이 거대한 역사적 변혁을 '변법變法'이라 부른다. 이 과정에서 정치 개혁과 군사 재편에 가장 성공적이던 진秦은 결국 천하를 통일하여 오늘날 중국 세계의 토대를 마련하였다. 이러한 현실적 변화에 대응하는 사상적, 정치적 이념의 정점에 자리잡고 있는 것이 '제왕帝王'이다. '제帝'는 본래 상족商族이 숭배하던 조상신이었으나, 초월적인 우주의 주재자를 의미하다가 나중에는 현실 세계를 지배하는 절대적 지배자를 나타내기도 하였다.

도가라 불리는 사상 집단 혹은 운동은 이러한 현실의 변혁을 강하게 거부하였던 반정치적, 반문명적 성격의 사상으로 특징지어져 온 것이 사실이다. 그러나 『장자』의 본문 속에서 이러한 주장과는 상반되는, 당시의 현실적 흐름과 일치하는 방향으로 진행된 사상적 경향을 볼 수 있다. 「천도」편에서 새로운 시대의 지배자로서 옹호되는 '제왕'의 면모를 확인할 수 있다.

대저 제왕의 덕은 하늘과 땅을 최고의 조상으로 삼고, 도덕을 주인으로 삼으며, 무위를 늘 그러함으로 삼는다. 무위無爲는 곧 하늘 아래 모든 사람들을 써도 남음이 있다. 그러나 유위有爲는 하늘 아래 모든 사람들을 위해 쓰이기에는 충분하지 않다. 그러므로 옛 사람들이 귀하게 여긴 것은 바로 저 무위인 것이다. 윗사람이 무위하고 아랫사람 또한 무위한다면 이것은 아랫사람과 윗사람이 덕을 함께

하는 것이다. 아랫사람과 윗사람이 덕을 함께하면 신하답지 못하게 된다. 아랫사람이 유위하고 윗사람 또한 유위한다면 이것은 윗사람과 아랫사람이 길을 함께하는 것이다. 윗사람과 아랫사람이 길을 함께하면 군주답지 못하게 된다. 윗사람은 반드시 무위하여 하늘 아래 모든 사람을 써야 하고, 아랫사람은 반드시 유위하여 하늘 아래 모든 사람들을 위해 쓰여져야 한다. 이것이야말로 바뀌지 않는 불변의 원리이다. 그러므로 옛날 하늘 아래 모든 사람들에게 왕 노릇 하던 사람은 지식이 비록 온 우주의 원리를 헤아릴 만해도 스스로 계획을 세우려는 생각을 하지 않았다. 비록 변별력이 온갖 사물의 차이를 세세하게 드러낼 수 있다 해도 스스로 이론을 세워 설명하려 하지 않았다. 비록 자신이 지닌 능력이 인간 세계 전체를 포용할 수 있어도 스스로 이를 실천에 옮기려 하지 않았다. 하늘이 낳아 주지 아니하여도 온갖 것들은 변화한다. 땅이 길러 주지 아니하여도 온갖 것들은 자라난다. 제왕이 함이 없어도 하늘 아래 모든 사람들이 공을 이루게 된다. 그러므로 '하늘보다 신비스러운 것은 없고, 땅보다 부유한 것은 없으며, 제왕보다 위대한 것은 없다.'고 한 것이다. 그러므로 '제왕의 덕은 하늘과 땅에 짝한다. 이것이야말로 하늘과 땅을 타고 온갖 것들을 몰며 인간의 무리를 부리는 길이다.'라고 한 것이다. 「천도」

여기서 묘사된 제왕은 천지天地, 도道, 무위無爲라는 삼대 강령에 따라 천하를 다스리는 현실의 지배자로 등장하고 있다. 더불어 여기에는 전국시대 이래 정착되어 가는 중앙 집권화된 관료제적 통치 질서를 나타내는 핵심 표현인 '제왕-무위, 신하-유위'라는 도식— "근본은 윗사람에게 달려 있고 말단은 아랫사람에게 달려 있다. 중요한 정책을 결정하는 것은 군주에게 달려 있고 실무적으로 세밀하게 시행하는 것은 신하에게 달려 있다."—이 분명하게 드러나 있다.「천도」편에서는 '아르카디아적 이상향'에서 보이는 현실 부정이나 탈정치적 성격의 진술은 찾아볼 수 없다. 오히려 현실 정치의 지배자로 등장하는 '제왕'의 풍격과 그 정치적 원칙을 설명하는 데 커다란 비중을 두고 있다. 이때 강조되는 '무위'는 정치적 간섭의 회피와 탈정치적 삶의 양식을 대변하는 그런 것이 아니라 제왕의 통치 행위를 나타내는 말로 쓰인다.

이런 까닭에 옛날 대도大道를 밝히고자 하는 사람은 먼저 하늘(天)을 밝히고 도덕을 그 다음으로 하였다. 도덕이 이미 밝혀지고 나서야 인의를 그 다음으로 하였다. 인의가 이미 밝혀지고 나서야 분수를 그 다음으로 하였다. 분수가 이미 밝혀지고 나서야 형명을 그 다음으로 하였다. 형명이 이미 밝혀지고 나서야 인임을 그 다음으로 하였다. 인임이 이미 밝혀지고 나서야 원성을 그 다음으로 하였다. 원성이 이미 밝혀지고 나서야 시비를 그 다음으로 하였다. 시비가 이미 밝혀지고 나서야 상벌을 그 다음으로 하였다. 상벌이 이미 밝혀지고 나서야 어리석은 사람과 지혜로운 사람이 저마다 마땅한 자리에 처하게 되고, 귀한 사람과 높은 사람이 저마다 조심스럽게 자신의 자리에 서게 된다. 어질고 밝은 사람과 못난 사람이 저마다의 실정에 맞추어지게 되면 반드시 저마다의 사회적 역할이 그 능력에 따라 나뉘게 되고, 그 사회적 신분이나 직책에 따라 처신하게 된다. 이와 같은 방식으로 윗사람을 섬기고 이와 같은 방식으로 아랫사람을 길러 주며 이와 같은 방식으로 사물을 다스리고 이와 같은 방식으로 몸을 닦되, 지모가 쓰이지 않게 하여 반드시 그 하늘로 돌아가게 한다. 이것을 일컬어 '태평太平'이라 하는데, 이야말로 곧 통치의 이상이다. 「천도」

여기서 천天, 도덕道德, 인의仁義, 분수分守, 형명刑名, 인임因任, 원성原省, 시비是非, 상벌賞罰로 이어지는 통치의 원칙과 절차, 방법은 상당한 설명이 요구된다. 전국시대 이래로 복잡다단해진, 따라서 보다 분명한 관료 제도 운용상의 절차와 제도의 확립이 요구되었던 당시의 상황에 비추어 볼 때 이들은 모두 전문적이며 세분화된 의미 내용을 가지고 있었을 것으로 보인다. 초기에는 형명으로 포괄되었을 수도 있는 이러한 용어들이 관료 제도가 세분화되고 정착되면서 구체적으로 나뉘었을 것이다. 여기서 '인의'란 인간 사회 질서의 근간을 천명하는 내용이고, 이어지는 '분수'는 신분상의 한계에 관한 규정, '형명'은 각 관직이 갖는 업무의 내용과 이를 운용하는 방법에 대한 규정, '인임'은 앞서 규정된 각 관직의 역할과 기능에 대해 적합한 자질과 능력을 가진 사람들을 임명하는 것, '원성'은 관리가 자신의 임무를 제대로 올바르게 수행하고 있는지를 감찰, 평가하는 제도를 말하는 것으로 구분할 수 있다.

　제왕에 의해 실현되는 이러한 이상적 국가 체제는 근본적으로 정치적, 행정적인 개혁에 의해 도달될 수 있으며, 사회적, 정치적, 행정적으로 강력하게 통합된 사회의 모습을 전해 주고 있다. 「천도」의 저자들은 이를 '태평'의 이상으로 규정한다. 여기에서 피력되는 정치적 이상향은 전쟁이 끊이지 않던 전국시대 말기에 도가적 비전에 입각하면서도 통일된 세상을 실현하고자 했던 현실 정치 이론이다. 비인격적 원리로서 도가의 특징적인 용어로 인정되었던 '도道' 또한 「천도」의 저자들에게서는 인간 사회의 위계 질서와 규범을 규정하는 유가적 '도리'의 의미로 바뀌어 사용된다.

군주가 앞서고 신하가 따른다. 아버지가 앞서고 자식이 따른다. 형이 앞서고 아우가 따른다. 어른이 앞서고 어린 사람이 따른다. 남자가 앞서고 여자가 따른다. 남편이 앞서고 부인이 따른다. 대저 지위나 신분의 높고 낮음과 앞서고 뒤섬은 하늘과 땅이 가는 방식이다. 그러므로 성스러운 사람이 모델로 취한 것이다. 하늘은 높고 땅은 낮으니 신이 밝혀지는 자리이다. 봄과 여름이 앞서고 가을과 겨울이 뒤따르는 것은 사계절의 순서이다. 온갖 것들이 변화하고 자라날

때 갓 나와 꼬부라진 새싹은 모양이 가지각색이지만 번성하고 시들어 버리게 되는 것은 자연 세계의 변화의 추이이다. 대저 하늘과 땅이 지극히 신비스러우나 높고 낮음, 앞서고 뒤따름의 순서가 있는데 하물며 인간의 길에서랴! 종묘에서 제사를 지낼 때에는 직계를 높이고, 조정에서 일을 논의할 때에는 지위가 높은 사람을 높이고, 마을에서 일을 논의할 때에는 연장자를 높이고, 커다란 행사를 벌일 때에는 지혜로운 사람을 높이는 것이 큰 길의 순서이다. 길을 말하면서 그 순서를 말하지 아니하는 것은 그 길을 부정하는 것이다. 길을 말하면서 그 길을 부정하는 자가 어찌 길을 취하겠는가! 「천도」

그라함이 '절충파'라고 적절하게 명명하였던 것처럼 「천도」 편은 선진시대 제자의 학설이 일정한 원칙에 따라 체계적으로 수용되고 있다. 유가의 '인의'나 법가의 '형명'이 단지 순차적인 구분이 강조될 뿐 근원적인 대립이나 갈등 없이 포용되고 있다. 이 「천도」 편은 이른바 '현실 정치'의 이념이 녹아들어 있는 강한 정치적 관심에 경도되어 있다.

「천도」 편에서 제시되는 '태평'의 이상 사회는 머나먼 과거의 것 혹은 저 멀리 어딘가에 존재하는 비현실적 이상향이 아니다. 강력한 제왕의 영도 아래 이 지상에서 다가오는 미래에, 합리적이고 제도적인 노력의 경주에 의해 실현 가능한 유토피아적 비전으로서 '태평'은 운위되고 있는 것이다. 거기에서 유법儒法 투쟁이나 유도

儒道의 갈등은 존재하지 않는다. 역사를 거스르는 영원회귀의 신화적 사유가 지워진 자리에 합리적 정신과 현실적 제도를 통한 정치 개혁의 의지가 들어서 있다. '태평'의 이상은 신화의 기억 저편에 머무는 것이 아니라 가능의 영역에 자리하고 있는 것이다. 따라서 이러한 태평의 이상 세계를 '도가적 유토피아'라고 부를 수 있을 것이다.

지금까지 그려 본 『장자』의 세계는 어쩌면 "어디에도 없는 마을無何有之鄕", 그러나 언제라도 갈 수 있는 그런 마을에서 들려온 메아리인지도 모른다. 우리는 이제 『장자』가 들려주는 아름다운 인간 세상의 모습을 간략하게 상상해 볼 수도 있다. 때는 전쟁이 끊이지 않던 중국의 전국시대, 깊은 두메산골 꾸불꾸불 난 논두렁을 따라 벼가 익어 가고, 움메 하는 소 울음소리 뒤로 한 채 초가집 뒷동산 언덕배기에 올라, 타오르는 햇볕을 피해 커다란 나무 그늘 아래 어슬렁거리며 걷다가 낮잠 한숨에 시름을 잊는 젊은 장주. 산너머 마을 총각들은 전쟁터에 끌려가 소식도 없는데 이 젊은 총각은 늘어지게 한숨 자고 일어나더니 슬며시 우리를 쳐다보며 미소 짓는다.

"벗들이여! 강호에서 잘들 지내시기를!"

7
현대의 『장자』 이해

철학과
종교의 사이

현대적『장자』읽기의 기원은 서구 사상과의 조우로 부터 시작하는 것이 순서에 맞을 것이다. 고대 중국의 제자백가諸子百家의 하나로서『노자』와 더불어 '도가' 혹은 '도덕가'의 대표 문헌으로 간주되었던『장자』는, 서구 학계에서 타오이즘Taoism이란 학문 분야에 속하는 것으로 이해된다. 타오이즘이란 말은 도가의 가장 핵심적 용어인 '道'의 중국어 발음 'tao'에서 유래되었다. 하지만 이것을 바로 고대 중국의 '도가'와 동일시하는 것은 곤란하다. 왜냐하면 우리에게 도가는 철학이지만 서구인들에게 타오이즘은 종교이기 때문이다.

타오이즘이란 말이 언제 생겼는지는 불확실하지만 타오이즘이 학술 용어로 정착된 것은 제임스 레그James Legge라는 인물로부터 비롯된다. 그는 19세기 중반부터 중국의 문헌들을 연구하여 영어로 번역함으로써 동아시아의 고전을 서구 사회에 소개한 중요한 인물이다. 그가 번역한 문헌들은 『논어』, 『맹자』, 『중용』, 『대학』, 『서경』, 『춘추좌씨전』, 『예기』 등 주요 유가 경전 다수를 포괄하고 있다. 또한 『노자』와 『장자』도 번역하였는데 이때 두 문헌을 묶어서 낸 책의 제목이 『도교경전(Texts of Taoism)』이다.

영국에서 종교학을 창시한 막스 뮐러와 친구 사이였던 레그는 『노자』와 『장자』를 동아시아의 3대 종교인 유교, 불교, 도교 가운데 도교의 경전으로 간주하였다. 타오이즘이란 말은 레그의 이 책 제목에서 정착된 용어이고 따라서 종교의 의미를 띠었다. 더욱이 레그의 뒤를 이어 중국에 왔던 학자들은 당시 중국의 민간 사회에서 관찰되는 도교적 습속에 관한 연구 결과물을 타오이즘이란 용어 아래에서 저술하였다. 그래서 타오이즘이란 일차적으로 『노자』와 『장자』로부터 비롯되는 동아시아의 종교 전통을 의미하는 것이 되었다.

그 뒤 동아시아에 대한 이해가 깊어지고 동아시아 나름의 철학적 전통에 대해 긍정적인 시각을 갖게 되면서 종교로서의 타오이즘과 철학으로서의 타오이즘을 나누기 시작하였다. 그래서 영미권에서 사용되는 'Religious Taoism'은 도교를, 'Philosophical Taoism'은 도가를 지칭하고 양자는 종교와 철학이라는 다른 영역으로 인식되었다. 최근에는 다시 양자를 나누지 않고 하나로 이해하려는 시각이 늘어나고 있다. 타오이즘을 철학과 종교로 나누는 것은 양자가 마치 전혀 별개의 것처럼 이해될 수 있다는 것이다. 달리 말해 동아시아 학문 전통에서 종교와 철학은 나눌 수 없다는 것이다.

우리나라에서도 도가는 철학을, 도교는 후한 이후에 발흥하는 교단 조직을 갖춘 종교를 가리키는 것이 일반적이다. 하지만 이와 같이 철학과 종교를 엄격하게 구분하다 보면, 『장자』에 대한 다양한 이해가 마치 영역을 달리하며 전혀 상이한 집단에 의해 엄격하게 구분되었던 듯한 오해를 불러일으키기 십상이다. 예를 들어 『장자』에 등장하는 중요한 용어인 '진인眞人'이란 말은 진시황이 황제의 명칭으로 사용하기도 했고, 후대에는 도교 교단의 교주나 성인, 신선을 일컫는 말 등으로 다양하게 사용되었다. 모두 그 전거는 『장자』에서 비롯된 것이다.

따라서 철학이나 종교라는 말은 『장자』라는 책 자체에 대한 성격 규정으로 사용하기보다는 『장자』라는 책에 접근하는 연구자의 태도로 생각하는 것이 훨씬 융통성 있고 자연스러울 것이다. 전통 사회에서 『장자』는 철학 문헌이나 종교 문헌으로 간주된 바도 없고, 영역이 엄격하게 구분되어 읽힌 것도 아니기 때문이다. 『장자』는 철학, 종교, 문학, 역사, 예술 등 다양한 영역에서 다양한 방식, 다양한 관심에서 읽혀 왔기 때문에 지금 또한 다양한 방식으로 이해하는 것이 본래의 면모에 더 다가가는 방법이 될 것이다.

노장 전통 아래에서
『장자』읽기

　　　　　　『장자』를 읽을 때 가장 먼저 마주치는 용어는 '도가' 또는 '노장老莊'이다. 주변에서 볼 수 있는 대부분의 책은 '노장 철학'이나 '노장 사상'이란 명칭으로 되어 있고, 그 안에서 『장자』가 다루어진다. 『노자』와 『장자』를 합쳐서 부르는 이 노장이란 말은 처음 한대의 『회남자』에 단 한 번 나오고 이후 위진시대에 널리 쓰이기 시작했다. 다시 말하면 『노자』와 『장자』가 유사한 성격의 문헌으로 생각된 것은 한나라 때부터이며, 이후 위진시대에 들어가 전통으로 자리잡게 된 것이다.

　노장이란 말을 쓸 때에는 이미 『노자』와 『장자』가 애초부터 같은 근원에서 출발한 비슷한 사상을 담은 책이라고 인정하는 것이 된다. 하지만 최근에는 『노자』와 『장자』가 일정한 거리를 갖는 문헌이라며, 나름의 차이를 분명하게 하려는 시각도 늘어나고 있다. 최근 미

국의 지도적 도가 연구자인 콘Livia Kohn은 '노장'이란 말을 중국에
불교가 유입된 이후에 성립한 것으로,『노자』와『장자』에 대한 주
석 전통을 가리키는 제한된 의미로 사용한다. 또 어떤 학자들은『노
자』가『장자』에 앞서는 것이 아니라『장자』가『노자』에 앞서기 때
문에 노장이 아닌 '장로莊老'로 바꾸어 표현해야 한다고 주장한다.

현재 우리 학계에서 쓰이는 노장이란 말의 가까운 연원은 20세기
중반 학자들이 근대적인 방식의 철학사를 저술하면서 비롯된 것이
다. (이의 대표적인 예가 펑유란인데 이에 대해서는 뒤에서 다시 살펴볼 것
이다.) 그래서 우리가 흔히 사용하는 노장은 철학을 가리키는 용어
이지 종교를 가리키는 용어는 아니다. 어떤 경우에는 의도적으로
종교적 성격을 제거하기 위해서 도가라는 말보다 노장이라는 말을
쓰기도 한다. 하지만 이것은 20세기에 이루어진 관행이지 전통 사
회에서 그랬던 것은 아니다.

물론 이렇게『노자』와『장자』를 합쳐서 노장이라 부르는 관행은
점차 반성되고 있다. 중국의 경우 90년대 후반부터 '노학老學'과 '장
학莊學'이라는 용어를 사용하면서『노자』와『장자』를 나누어 연구
하려는 시각도 나오고 있다. 즉 양자를 연결하여 이해하는 방식보
다,『노자』와『장자』가 각각의 주석 전통에서 역사적으로 어떻게
이해되었는가를 주로 살피려는 시각이 일어나고 있다는 것이다. 왜
냐하면 노장이란 용어에는 이 말이 유행하기 시작한 위진시대의 현
학적 해석이 강하게 배어 있기 때문이다. 하지만 아직 우리 학계에

서는 노장이 '도가'와 거의 동의어이고 『노자』와 『장자』의 철학을 합쳐서 부르는 말로 쓰인다.

본래 노장에 대한 관심은 19세기 서세동점의 상황에서 유학적 이념이 의심받게 되면서 본격화되었다. 유학이 아닌 다른 학문에서 출구를 모색하는 과정에서 제자백가에 대한 새로운 관심과 연구가 이루어지는데, 이로부터 도가 연구는 새로운 전기를 맞게 된다. 더욱이 서구의 철학과 마주하게 되면서 비교적 형이상학적이고 논리적인 사변이 풍부한 위진시대의 『노자』와 『장자』 해석은 노장이란 말을 자연스럽게 하였고, 그 이후 『노자』와 『장자』는 주로 철학의 영역에서 동아시아의 형이상학, 존재론, 언어 철학, 인식론 전통을 말할 때 자주 이용되는 문헌이 되었다. 이에 커다란 영향을 미친 것이 펑유란의 철학사이다.

펑유란의 도가 철학의 발전에 대한 이해는 아주 재미있다. 펑유란이 말하는 도가 철학의 발전은 이기주의자 양주楊朱로부터 출발하여 『노자』를 거쳐 『장자』에까지 3단계를 거친다. 이러한 생각은, 20세기 후반 우리나라에서 가장 널리 읽힌 그의 『중국철학사』(1948년판)에서 정립된 것이다. 펑유란에 따르면, 도가는 『논어』 등에 나타나는 은둔자들에게서 그 연원을 찾는데 이의 대표자가 양주이다. 양주의 사상은 『묵자』의 평등주의적 사상인 겸애兼愛와 정반대되는 사상으로서 이후 『노자』와 『장자』로 이어진다고 한다. 이러한 도가 사상은 생명을 보전하고 상해를 피하는데, 양주는 이에 대한 처방으로 이기적인 은둔을 제시한다.

이러한 서술로 인해 도가는 오늘날 흔히 이해하고 있듯이, 유가 사상에 대한 반대자들이거나 반정치적 성향의 사상이 된다. 더 나아가 동아시아 사회가 근대화·서구화를 지향하면서 근대 문명의 역기능에 직면하게 되자 『노자』와 『장자』에 풍부한 자연, 무위와 같은 용어들은 환경이나 생태, 문명 비판의 중요한 도구처럼 인식되고 해석되었다. 유가에 대해 비판적인 논조가 많은 『장자』는 고원한 형이상학적 사변을 통해 양주나 『노자』가 지닌 개인적 차원을 넘어서서 부조리한 현실, 문명의 폐혜를 넘어서려는 철학으로 이해되었던 것이다.

그레이엄과 관평,
『장자』 사상의 다양성

『장자』를 펑유란과 같이 도식적인 해석의 한 단계에 지나지 않는 철학으로 해석하는 것은 이제 설득력을 잃고 있다. 『장자』에 대한 연구가 누적되면서, 『장자』가 장주 개인의 저술이 아니고 오랜 기간에 걸친 다양한 사상가 집단의 저술이 묶인 편집물이라는 시각이 받아들여지면서, 『장자』 사상의 다양성이 인식되었기 때문이다. 여기서는 중국의 학자 관평의 견해를 계승하여 『장자』에 관한 가장 치밀한 논의를 내놓은 그레이엄의 분석을 소개한다.

앞서 제2장에서 소개한 것처럼 그레이엄은 『장자』 속의 다양한 사상 경향에 따라, 내편은 장주의 저술로 그리고 외잡편은 장자 학파, 원시파, 양주파, 종합파라는 네 조류의 사상이 섞여 있는 것으로 파악한다. 이 가운데 내편과 사상적으로 유사한 장자 학파를 제

외한 3개파의 사상에 대한 그레이엄의 논의를 간단히 소개해 보고
자 한다.

원시파

그레이엄은 외편 가운데 「변무」, 「마제」, 「거협」 세 편, 그리고 「재
유」 편의 앞부분이 『장자』에서 성격상 가장 동질적인 부분이라고
본다. 그리고 이 편들의 공통적인 성격에 근거하여 이들을 원시파
라고 명명한다. 원시파 문헌들은 대개 그 내용이 생동감 있고 기이
하며 논조가 비교적 공격적인 것을 특징으로 한다. 원시파의 철학
적 출발점은 본성에 대한 이해에서 출발한다. 모든 존재들은 그 나
름의 본성을 갖고 있고 그 본성으로 인해 태어나 살아간다. 그리고
이러한 본성에 내재된 특수한 힘으로서의 덕은 삶을 유지시키는 능
력으로 이해된다. 하지만 불행하게도 문명화된 인간 사회는 이러한
본성과 덕을 손상시킨다.

그래서 원시파는 이에 대한 대안으로 원시적 유토피아를 꿈꾼다.
원시적 유토피아에서 사람들은 동물처럼 자연스럽게 산다. 원시적
유토피아의 지도자들은 가족이나 부족의 수장으로서 '무슨 무슨 씨
氏'로 불린다. 하지만 최초로 중국을 통일한 제왕, 황제의 등장 이
후로 인간 세계는 점차 황폐해졌다고 비판한다. 이들 원시파가 가
장 비판하고자 한 것은 공자와 묵자 학파로 대표되는 도덕주의
(moralism)이다. 원시파의 일차적 관심은 오로지 사회적, 정치적인

문제였으며 개인적이고 신비주의적인 도의 추구에 대해서는 무관심했다.

그레이엄에 따르면, 원시파 문헌은 대략 기원전 205년 전후에 성립된 것이라고 한다. 「거협」에 나오는 도척의 일화가 연대가 분명한 문헌인 『여씨춘추』에도 나온다는 점을 근거로 분석한 결과이다. 또한 그레이엄은 원시파 문헌이 『장자』보다는 『노자』의 구절들과 유사성을 지닌다는 점을 근거로 해서, 『노자』의 영향을 받은 사람들의 저술로 간주한다. 『노자』의 "나라를 작게 하고 백성을 적게 하라."는 구절로 시작되는 80장의 내용은 이상화된 농촌적 삶의 모습을 그린 것으로서 원시파는 이러한 이상을 공유하고 있다는 것이다. 그래서 에임스 같은 학자는 이 문헌을 노자파 문헌이라 부르기도 한다.

양주파

일찍이 중국의 학자 관펑은 양주 학파를 대표하는 문헌으로 「양왕」, 「도척」, 「어부」 세 편을 주목한 바 있다. 마찬가지로 그레이엄 또한 이들 편들이 양주파 문헌이라 간주한다. 양주파 문헌은 원시파와 마찬가지로 도덕주의에 대해 비판하면서 동시에 세속적인 출세를 꿈꾸는 야망에 대해서도 비판한다는 점을 특징으로 한다. 이 때문에 양주파는 원시파와 상당히 유사한 성격을 지닌 것으로 본다. 또한 『장자』의 다른 곳에서는 전혀 언급되지 않는 도척에 대한 이야기가 양주파 문헌들에서 공통적으로 나온다는 점은 유사한 성격의 편들이라는 중요한 증거로 간주된다. 특히 양주파 또한 도덕주의자들에 대해 강하게 비판하는 것은 이 편들 또한 비슷한 시기에 쓰여진 것으로 추정케 하는 근거로 여긴다.

그레이엄은 「양왕」 편의 내용이 대부분 『여씨춘추』에 있다는 점에 착안하여 「양왕」이 『여씨춘추』에 근거한 것이라고 본다. 또한 「양왕」과 「도척」에서 묘사되는 공자의 모습이 『장자』 전편에서 공자에 대해 가장 신랄한 내용이라고 지적하면서, 유사한 것으로 본다. 그러나 두 편은 분위기와 양식, 용어 들에서는 유사점이 그렇게 많지 않다. 그래서 「양왕」은 『여씨춘추』가 성립된 기원전 240년 이후에 쓰여진 것으로 본다. 또한 사마천의 『사기』에 언급되는 「어부」와 「도척」은 『사기』 이전에 쓰여진 것이다. 그래서 그레이엄은 양주파 문헌 또한 기원전 209~202년경에 성립된 것으로 추정한다.

그레이엄이 분석하는 양주파의 핵심은 생명의 보전이다. 특히 도덕적 사명을 위해 생명의 위협조차 마다하지 않는 것이나 정치를 한다고 하면서 도덕적인 척 가장하는 위선에 양주파는 극히 비판적이다. 다만 원시파와 양주파의 커다란 차이는, 양주파가 생명의 중요성을 옹호하는 방식이 이해에 대한 철저한 고려하에 이루어지는 데 반해 원시파는 이러한 이해의 고려는 자연스럽게 이루어지는 덕이란 능력을 파괴하는 것으로 본다는 점이다. 양주파가 해결하고자 했던 중요한 문제는 벼슬에 나아가 생계를 유지하는 것밖에는 다른 대안을 찾을 수 없었던 사인士人들에게 심리적 부담을 덜어 주는 것이었다.

종합파

그레이엄이 분류하는 종합파는 「천도」와 「천하」가 대표적이다. 종합파의 문헌들은 천지의 도를 하나의 통치 모델로 이해한다는 점이 특징이다. 「천도」의 경우에는 유가와 묵가는 물론 법가적인 내용까지 하나의 위계적인 정부 형태 안에 포섭하여 종합적인 양상의 통치 철학을 제시하는 것을 그 특징으로 한다. 이와 같은 이유로 인해 『장자』의 마지막 편인 「천하」는 그 실제 의미가 '하나의 제국 아래에서'라는 의미로 이해되어야 한다고도 말한다. 왜냐하면 「천하」편이 한나라 이전의 여러 학파 속에서 장주를 특정의 관점에 입각하여 나름의 위치를 부여하는 역사적인 종합을 하는 것으로 보이기 때문이다.

이 점은 『장자』의 대부분에서 그리고 있는 이상향의 차이에서도 확인된다. 종합파에서 묘사하는 이상적 사회의 모습은 '태평太平'이라 불리는데, 이 태평한 사회에는 하늘(天)을 권위의 원천으로 삼는 제왕이 유능한 신하들을 거느린 관료적 사회의 모습을 하고 있다. 또한 마을에서는 어른이 우선되고 정치의 장에서는 직책이 높은 사람이 우선되는 위계 질서가 확립된 사회의 모습을 제시한다. 대개의 『장자』 편들에서 권위나 권력, 특정한 정치 조직을 기피하거나 도덕적 원칙을 비판하는 것과는 다른 점이 확연하게 드러난다.

그레이엄이 분석한 『장자』는 과거 우리가 읽어 왔던 『장자』와는 매우 상이한 장자상을 제시해 준다. 이 또한 서구적 학술 방법이 도입되어 새롭게 형성된 『장자』 읽기의 하나라고 할 수 있다.

8
20세기 한국에서 『장자』의 초상

『장자』의 한반도 전래와
그 이해의 특징

우리가 살고 있는 한반도에서 『장자』는 언제부터 어떤 방식으로 읽혀져 왔을까? 그 연원은 삼국시대로 거슬러 올라갈 정도로 오래되고, 그 역사 또한 복잡하다. 『삼국사기三國史記』에 보면 태종의 둘째 아들 김인문(金仁問, 629~694)이 『노자』와 『장자』에 이르기까지 두루 읽었다는 기록이 나온다. 이렇게 보면 한국 사상의 전개에서 『장자』가 수용되기 시작한 것은 삼국시대까지 거슬러 올라가지만, 학문적 차원에서 본격적으로 논의되기 시작하는 것은 조선시대에 들어와서부터이다. 건국 초기부터 국가의 주도 원리를 철저히 성리학에 두었던 조선 사회에서 『장자』가 학문적 차원에서 논의되었다는 것은 의외로 여겨질 수 있겠지만, 대다수의 조선조 선비들이 『장자』를 읽었거나 혹은 관심을 가졌다는 증거는 꽤 많다.

이미 세종 시대로부터 영조 때에 이르기까지 임희일의『장자구의』가 여러 차례에 걸쳐 간행되었고, 심지어 우리나라 식의 토를 단 현토본懸吐本이 있다는 사실은『장자』에 대한 관심을 잘 보여 주는 증거이다. 임희일의『장자구의』는 본래 이름이『장자권재구의莊子鬳齋口義』로서, 그 서문에 해당하는「장자구의발제」에서,『장자』는 경전의 지위에까지 오르지는 못하였으나 천하에 없어서는 안 될 책이라고 한다. 유가의 주요 경전인『춘추좌씨전』이나 위대한 역사서『사기』의 문장도『장자』에는 미치지 못하며, 사서四書를 세밀하게 읽은 후에『장자』를 보면『장자』에서 말하는 커다란 강령綱領과 종지宗旨가 성인 공자의 것과 다름이 없다는 것을 알게 되리라고 말한다.

이와 같이 조선 사회의 지식인들이 임희일의『장자구의』를 통해『장자』를 읽었다는 것은 달리 말하자면 유학의 테두리 안에서 읽었음을 의미하는 것이다. 이와 같은 입장은 조선조에 출현하는 유명한 두『장자』주석서에 그대로 나타난다. 그 하나가 박세당의『남화경주해산보南華經註解刪補』이다. 박세당은 조선의 유학자 가운데 유일하게『노자』와『장자』모두에 주석을 한 인물이다. 때로 그는 장자를 좋아하고 주희를 비판하는 위험한 인물로 간주되기도 했지만, 그가 남긴『남화경주해』는 1680년(숙종 6년)에 간행되어 조선의 지식인들 사이에서 널리 읽혔다.

박세당에 따르면 장주는 무엇보다 성인 공자의 도를 회복하고자 했던 인물이다. 다만 장주가 살았던 시대는 공자의 시대와 워낙 거리가 멀고 양주·묵적과 같은 이단이 공자의 가르침인 인의仁義를 훼손하였기에 글쓰는 방식이 다를 수밖에 없었다고 한다. 그래서 보통 사람들이 알아듣기 어려운 고원한 논리와 지극한 도리를 말하여 세상의 비루함을 바로잡고, 또한 무위와 소박함을 말하여 세상 사람들이 억지로 꾸미는 행태를 끊어 버리고자 하였다는 것이다.

박세당은 『장자』의 사상이 유가의 성인이 남긴 가르침을 밝히는 부분이 있고 따라서 『장자』는 이단이 아니라고까지 주장하였다. 이러한 점은 그 또한 유학 안에서 『장자』를 읽었음을 잘 보여 주는 것이다. 본래 성리학적 세계관은 태극太極, 체용론體用論, 이기론理氣論 등을 그 도덕 형이상학의 중심으로 하는 사상 체계이다. 유학의 틀 안에서 『장자』를 읽는다는 것은 바로 이와 같은 유가의 형이상학적 개념들을 통해 『장자』를 이해하는 것을 의미한다. 이 점은 박세당의 『남화경주해』에서 일관된 태도이다.

『장자』의 내편·외편·잡편 전체에 대한 주석서는 박세당의 『남화경주해』가 조선 사회에서 유일한 것이다. 이와 달리 한원진의 『장자변해莊子辨解』는 내편에 대해서만 주석을 한 문헌이다. 조선조에서 두 번째로 『장자』에 주석한 인물인 한원진은, 조선 유학사에서 가장 뛰어난 성과로 평가되는 『주자언론동이고朱子言論同異攷』를 저술한 정통 주자학자이다. 그는 조선 후기의 유명한 철학 논쟁인 인물성동이人物性同異 논쟁에도 참여하여 인간과 동물은 본성을 달리한다는 이론異論 입장의 학자로도 유명하다.

한원진이 주석한『장자변해』는 필사본 1책만이 전해지며 서문의 내용으로 미루어 볼 때 1716년(숙종 42년)에 간행된 것으로 추정된다. 한원진의『장자변해』는 박세당의 것과는 저술 동기나 주석의 형식에서 큰 차이를 보인다. 박세당의『남화경주해』가『장자』의 주요 용어들에 대해 여러 주석가들의 해석을 소개하면서 그 의미를 해석하는 방식이라면, 한원진의『장자변해』는 세세한 글자 풀이는 거의 생략하고『장자』 내편 7편의 대의大義를 해석하는 방식을 취하고 있다. 따라서 주석서라기보다는 비판적 해설서의 성격이 강하다고 보는 것이 타당하다.

『장자변해』의 가장 커다란 특징은『장자』 내편 전체가 하나의 일관된 논지를 전개하는 것으로 파악한다는 점이다. 한원진에 따르면「소요유」의 핵심은『장자』에서 이상적 인간상으로 제시하는 지인의 도가 크다는 점을 말하려는 데 있다. 이어지는「제물론」은 지인의 도가 큰 이유를 말한 부분으로 뭇 이론을 하나로 통일하였기 때문이라 한다.「양생주」는 이미 이론의 통일을 한 후이기에 다른 사람들과 갈등이 없게 되었으므로 삶을 기를 수 있는 조건이 이루어진 것이고 그래서 삶을 기르는 기본 원칙으로 이어진 것이라 말한다.

또 양생을 통해 자신의 몸에서 도를 길렀으니 이제는 이것을 세상에 펼쳐야 하기에「인간세」가 오게 된 것이고, 그 결과 덕이 충만하다는 증험을 하게 되니「덕충부」가 이어진다고 설명한다.「대종

사」란 도를 의미하는데, 앞에서 덕을 말하였으니 다시 그 덕의 근본
이 도라는 것을 말하려는 것이 이 편의 요지라고 한원진은 말한다.
이어지는 「응제왕」은 앞에서 도를 말하였는데 이 도를 얻은 자는
제왕이 될 수 있기에 「응제왕」으로 이어진다고 해설한다. 이와 같
은 방식으로 해설하는 의도는 『장자』의 체제 자체가 유가 경전인
『대학』의 논의와 일맥상통한다는 점을 보여 주려는 것이다. 그래서
한원진은 「양생주」와 「인간세」가 『대학』에서 말하는 수신修身이라
면, 「덕충부」와 「대종사」, 「응제왕」은 치국治國과 평천하平天下와
같다고 말한다.

조선시대의 『장자』 읽기는 오늘날 우리가 이해하는 『장자』와는
사뭇 다르다. 하지만 박세당이나 한원진의 『장자』 이해는 중국의
위진시대로부터 송대를 거치며 수많은 유학자들에 의해 유학적으
로 해석된 『장자』 이해를 바탕으로 하고 있다는 점을 생각하면 충
분히 이해될 수 있다. 특히 『장자』에 매우 우호적이면서 유가적 해
석으로 일관된 임희일의 판본이 가장 널리 읽혔던 사정을 생각한다
면 오히려 자연스러울 수도 있다. 이와 같이 조선시대 지식인들의
『장자』 읽기는 유학 안에서의 이해였으며 이 또한 유구한 역사와
나름의 전통과 근거를 갖는, 『장자』 읽기의 한 방법으로 간주할 수
있겠다.

우리 앞의 거울,
자유와 달관의 철학자

중국만큼이나 파란만장하고 우여곡절
이 많았던 한국의 20세기에서 『장자』 읽기는 어떠했을까? 한국인
이 떠올리는 장자라는 인물은 앞서 본 중국과 서구 학자들의 해석
과는 조금 차이가 있다. 그는 자유분방하며 해학과 풍자로 가득한
글쓰기의 달인이다. 그는 '소요', '제물', '무위자연'과 같은 말로 잘
알려져 있으며 주로 자유의 철학자 장자로 알려져 있다. 그런 점에
서는 중국의 아Q와 사뭇 분위기가 다르다.

20세기 한국에서 노자 철학의 대중화에는 김용옥의 커다란 역할
을 부정할 수 없다. 김용옥은 1999년이라는 세기말에 『노자』를 통
해서 "자연과 인간의 화해" "삶과 지식의 화해" 그리고 "종교와 종교
의 화해"라는 세 가지 테제를 전 국민을 대상으로 펼치며 강의했다.
수많은 시청자들로 하여금 단 1초라도 내가 사는 자연에 대해, 내

가 알고 있는 지식과 종교에 대해, 그리고 나의 앎과 삶이 화해해야 한다고 생각하게 한 것은 커다란 역할이라 할 수 있다.

많은 사람들은 이러한 일이 김용옥의 탁월한 강의 능력 때문에 가능했다 하고, 또 어떤 사람들은 『노자』나 『장자』가 갖는 텍스트의 사상적 매력 때문에 가능했다 설명하기도 한다. 하지만 왜 하필 그때에 『논어』가 아닌 『노자』 강의였는지, 또 다른 누군가가 아닌 김용옥이었는지는 현대 한국인의 삶에서 읽어 내야 할 중요한 의미가 있다고 생각한다. 그는 분명 대학에서 교수를 지냈고 지금도 그러하지만, 당시 그는 대학교수가 아니었다. 그것은 학자 한 개인을 넘어서서 우리 시대의 의미를 따지는 작업이다. 그 속에서 우리는 장자의 상像을 찾을 수 있다.

사람에 따라 달리 생각할 수도 있지만, 오늘날 한국에서 『장자』로 가장 유명한 사람 가운데 하나는 오강남이다. 그는 1999년 『장자』 내편을 번역한 책을 펴냈다. 오강남의 『장자』는 그가 번역한 『노자』가 상당히 반응이 좋아서, 그 후광을 입고 나온 것으로 보인다. 달리 말하면, 그의 『장자』 이해는 우리의 상식을 가장 잘 반영하며 독자들에게 공감도가 높은 책이었다는 뜻이다. 즉 오강남의 『장자』를 통해 20세기 한국인이 지닌 장자에 대한 상을 어느 정도 짐작할 수 있다. 하지만 세계적 차원에서 볼 때 독특한 한국의 해석이라고 볼 수 있는 특징은 드러나지 않는다. 오히려 중요한 것은 기독교와 긴장적으로 관련된다는 점이다.

오강남은 『장자』가 독자들에게 인기 있는 이유를 이렇게 말한다.

　우리 스스로 『장자』의 어느 부분을 펴서 조금이라도 읽어 보면, 이 책이 기발한 상상력, 박력 있는 표현, 자유분방한 해학과 풍자와 상징을 통해 우리에게 우주와 인생의 깊은 뜻을 일깨워 주는 책이라는 것을 금방 알 수 있기 때문입니다.

　　　　　　　　　　　　　　　　　　　　　　　　── 오강남, 『장자』

　그러면 『장자』는 우리에게 기본적으로 무엇을 가르쳐 주려 하는가? 엄격히 말하면 가르쳐 주려는 것이 없다. 무엇을 가르쳐 주기보다는 우리가 떠받드는 상식적인 고정 관념, 이분법적 사고방식, 거기에 기초를 둔 맹목적인 가치관, 윤리관, 종교관 등을 우리에게 스스로 깊이 살펴보게 해서 이런 것들의 내재적 모순과 불합리함을 발견해 없애도록 도와줄 뿐이다. 우리 얼굴을 씻어 주고 단장해 주는 것이 아니라 우리 앞에 거울을 들어 주는 셈이다.

　　　　　　　　　　　　　　　　　　　　　　　　── 오강남, 『장자』

여기의 두 부분에서 두 가지 중요한 표현을 발견할 수 있다. "기발한 상상력"과 "우리 앞에 거울"이라는 표현이다. 이 글 어디에도 철학의 가장 중요한 '논리'와 같은 것은 거론되지 않는다. 게다가 이 글에 『장자』 대신에 니체나 데리다와 같은 서양의 철학자를 넣더라도 크게 어색하지 않게 읽힌다. 달리 말하면 여기의 서술은, 장자 사상 자체로부터 추출된 것만이라기보다 우리에게 공유된 담론과 상식, 즉 우리가 바라는 그 무언가가 서술되어 있다고 보아도 무방하다.

실제로 장자는 90년대 이후 자크 데리다, 그 조금 앞서서는 미셸 푸코 그리고 그 이전에는 니체에 비견되면서 논의된 적도 많았다. 더 많게는 기독교와 관련하여 혹은 종교나 신비주의와 관련하여 논의되기도 했다. 오강남이 유명한 종교학자이며 그의 『장자』 해석이 그러한 기반과 서구의 해석에 많이 기대고 있다는 점 또한 주목해 볼 일이다. 역사적으로 도교와 불교의 갈등과 결합만큼이나 한국 사회에서는 기독교와 노장의 대화가 오래도록 이루어진 토양을 놓칠 수 없다는 점이다.

『장자』가 서구의 철학자들에 비교되는 것처럼 공자가 비교되는 경우는 거의 없다. 공자는 서구적인 사고방식이나 철학과는 분명한 거리가 있는 사상가이기 때문이다. 그런데 장자는 공자와 가까운 사람이었을까, 아니면 데리다나 푸코와 가까운 사람이었을까? 그 답은 하나마나에 해당한다. 그렇다면 우리가 내릴 수 있는 생각은 아주 단순하게 귀결된다. 공자나 맹자에 비해 『장자』에 대한 생각은 많은 부분이 서구화되어 있다는 점이다.

앞서 이야기한 논의들이 대체로 한국이라는 상황이나 분위기와 상관없이 이루어질 수 있는 내용이라면 다음의 구절은 서구화된 해석의 성격을 잘 보여 주는 부분이다. 오강남은 첫째 편 「소요유」를 설명하며 이렇게 말한다.

　　『장자』 제1편은 '훨훨 날아 자유롭게 노닐다'라는 제목이 보여 주듯이 인간이 누릴 수 있는 절대 자유의 경지를 이야기하고 있다. 고대 문헌에서는 그 책에서 가장 중요한 문제를 맨 앞에 두는 것이 보통이다. 그런 의미에서 이 편에서 말하는 절대 '자유'와 그것을 가능하게 해주는 '변화'와 '초월', 이것이 『장자』 전체의 주제이며 가르침의 궁극 목표라 할 수 있다.

— 오강남, 『장자』

　　오강남은 『장자』 전체의 주제로까지 '소요유'의 의미를 확대하여 말하고 있는데 그것은 '절대 자유'이다. 물론 그가 말하는 자유의 의미는 근대 사회가 이루어 낸 자유의 이념보다는 종교적 체득과 깨달음의 차원에서 이루어지는 마음의 자유에 가깝다. 그는 그것을 '초월'이라고도 한다. 변화와 초월이라는 주제는 절대 자유와 연결되며, 『장자』는 무엇보다 자유의 철학자로 자리매김된다. 이러한 개인주의화되고 신비주의화된 해석은, 현실의 지친 삶을 살아가는 개인들에게 위안과 평안의 철학이 되며, 다른 한편 현실의 질서에 대한 조롱과 풍자를 하는 장자의 우화들은 그러한 삶에 즐거움을 제공해 준다.

우리는 모두 『장자』의 소요유를 읽을 때 스스로를 대붕大鵬과 동일시하는 경향이 있다. 하지만 이 책을 읽고 있는 독자 가운데 장자가 말하는 대붕에 해당하는 삶을 사는 사람은 얼마나 될까? 만약 스스로를 대붕에 견주지 못하고 매미와 비둘기에 지나지 않음을 인정하게 된다면 대붕의 웅대한 이야기는 그리 유쾌한 내용이 아닐 수도 있다.

하지만 오강남의 『장자』는 그런 단순한 논리 위에 있다기보다는 고립화되고 파편화되어 가는 현대 한국 사회의 삶을 살아가는 개인들에게 자기 초월과 정신적 변화를 요구하는 하나의 종교적 설법으로 기능한다. 그것은 일종의 비유의 철학이자 신비의 체험으로서 다가오는 것이다. 이렇게 본다면 오강남의 『장자』는 철학적 해석보다는 종교적 해석에 속한다. 앞의 인용문에 논리, 현실과 같은 철학적 개념들이 나오지 않는 것은 이런 특징을 반영한다. 이것이 지금까지 일반적으로 받아들여지는 장자상 가운데 하나임은 분명하다.

유도儒道 전통 속의
예술인 장자

『장자』의 경우에도 다른 제자백가나 여타 동양철학 고전과 마찬가지로 광복 이후 5, 60년대에는 철학사 자료가 거의 없었다. 주로 대만에서 출간된 철학사류의 연구나 조선조 때부터 전해 내려오는 한학 문헌들을 참고로 하여 논의된 것이 중요한 부분을 차지한다. 이러한 연구의 결과물은 근대 서양의 학문이 수용되고 대학이라는 제도가 정착되면서 논문의 형태를 띠기도 했다.

여러 자료들을 모으고 골라서 편역하여 출간한 것 가운데 눈여겨볼 것은 1955년 경문사에서 출간된 김경탁의 『중국철학사상사』이다. 이 책은 유가와 도가를 구분하면서 장자가 우주적 세계관을 말한다면, 공맹孔孟은 인간적 세계관을 보여 준다고 말한다. 즉 장자는, 동양 종교와는 구분이 되는 도가라는 사상으로서 기독교와 긴장 관계 속에서 서술되거나 혹은 화해적인 방식으로 이해되는 조류가 한편이라면, 다른 한편은 제도권 대학에서 이른바 '철학'으로 연구되는 것이었는데 그 주된 논리는 유가와 도가의 구별이었다.

> 공맹과 양묵은 전혀 인생계人生界에만 편중하였지마는 장자의 사상은 도리어 우주계宇宙界를 더 주중注重(중시)하였다. 그는 그의 상상력이 미치는 대로 우주와 공간과 시간의 무한성을 가져다가 인생계의 신비(渺小)와 순간(短暫)의 유한성과 서로 대비하여 놓고 보았다. 그러므로 그의 정신은 항상 무한한 우주와 유한한 인생계의 사이에서 왕래하고 있었다.
>
> —— 김경탁, 『중국철학사상사』

김경탁의 『중국철학사상사』에서는, 우주는 지극히 무한하고 영원한 것인데 인생은 순간과 찰나에 지나지 않는다는 것을 대비시킨다. 이런 방식의 해석은 중국 현대신유학의 해석을 따르는 것에 해당한다. 현대신유학現代新儒學이란, 공자와 춘추전국시대의 유학을 지칭하는 선진先秦 유학, 송명시대의 유학을 가리키는 이학理學을 잇는 '현대의 새로운 유학'을 가리키는 말이다.

현대신유학을 주장하는 학자들은, 두 차례의 세계대전이라는 끔찍한 재앙을 일으킨 서구적 세계관에 대한 대안적 가치를 갖는 것으로서, 문화적으로 전통을 보전하고 인류 문명을 이끌 새로운 가치관으로서 유학 전통의 의미가 크다고 말한다. 이들은 1930년대 중국에서 과학과 인생관 논쟁의 과정에서 "과학으로는 인생의 문제를 해결할 수 없다."는 유명한 주장을 펴면서 과학과 철학의 다름을 주장하였다. 주로 대만과 홍콩, 싱가포르와 미국 등지에서 활동한 학자들로 구성된 현대신유학자들은, 도가를 이단으로 보았던 송명 시대의 문인文人들과 달리 유가를 보완하는 사상 체계로서 문화 전통을 구성하는 요소로 이해하였다.

이는 하나의 분업적 해석의 경향을 만들어 냈다. 유가가 문명과 정치와 윤리를 담당한 인생과 관련된 전통이라면, 도가는 우주와 신비에 관련된 전통으로 모두가 긍정되는 '전통의 창조'라는 기획에 맞물려 있다. 그래서 유가는 도가의 비현실성을 비판하고, 도가는 유가의 작위성과 억압적 성격을 비판한다. 하지만 이러한 논리는 모두 동양철학이라는 전체 안에서 화해하며, 서구의 과학기술과 물질문명에 대립한다는 점에서는 동일한 것으로 간주된다.

김경탁은 이러한 인식을 공유하고 있는 듯, 장자의 철학은 예술적 인간을 추구한 사상이라고 밝힌다.

우리가 만일 공맹과 양묵이 도덕적 인간을 말하였다고 하면, 장자는 예술적 인간을 추구한 것이라고 말할 수 있다. 사실 알고 보면 장자 사상의 이면에는 공자와 근사한 점이 많이 있다. 유가에는 본래 두 방면이 있으니, 하나는 써주면 실행하고 잘되면 천하를 겸선한다는 것이요, 또 하나는 버리면 간직하여 두고 궁하면 한몸을 독선한다는 것이다. 장자책 가운데는 공자와 안연을 끌어다가 말한 것이 많이 있다. 그렇지마는 그들의 소극적 면을 주중하였고, 적극적 면을 주중한 것은 아니다.

— 김경탁, 『중국철학사상사』

위에서 언급한 "예술적 인간을 추구"하는 것이 20세기 현대신유학이 주장하는 장자 전통의 흐름이었다. 그리고 이런 식의 해석은 한국의 전통에서도 오래된 것이었다. 조선시대에 장자를 연구한 사람들은 대부분 임희일의 『장자권재구의』를 통해 공부했다. 이 책에서는 장자의 소요유를 『논어』에 나오는 '예藝의 세계에 노닌다'와 같은 것으로 읽는다. 장자를 공자의 계열로 보는 한편 공자가 구현하고자 했던 '예禮'를 장자가 '예藝'로 받아 그 도를 찾고자 했다는 화합설을 주장한다. 이것이 바로 노장 전통의 핵심이다.

김경탁이 말하는 '공맹과 양묵과는 달리 장자는 예술적 인간을 추구했다.'는 논리는 이미 서복관이 주장했던 것이기도 하다. 서복관은 『중국예술정신』이라는 책을 통해, 장자가 중국 예술 정신의 근원이자 뿌리라고 말한다. 이러한 태도는 중국의 학자들이 『장자』를 관념론이라고 비판하거나 '아Q'에 비유하며 조소하던 부정적 태도와는 매우 다르다. 오히려 『장자』는 현대적으로 계승해야 하는 전통의 일부로서, 특히 유가와 다른 영역에서 의미와 가치를 갖는 것으로 긍정되어 온 것이다. 그 핵심에 예술의 영역에서 유가와 상호 보완적 관계를 세우려는 논리가 자리잡고 있다.

큰 틀에서 보았을 때 20세기 후반 한국에서, 공자가 교육자이자 사상가로 자리매김되는 것이 주된 방식이었다면, 장자는 바로 예술 정신의 체현자로서 의미를 갖는 것이었다. 이는 현대 중국의 논쟁에서 장자를 둘러싸고 매우 다양한 정치적 이념적 평가가 이루어졌던 것에 비교할 때, 한국에서는 장자 이해가 대체로 정치나 이념과 무관한 영역에서 이루어졌음을 보여 주는 것이다.

노자의 무위,
장자의 소요

70년대 이후에는 『장자』에 대해 이른바 본격적인 철학적 연구가 개화되었다. 특히 노자가 '무위'의 철학자라면, 장자가 '소요'의 철학자라고 한 이강수의 『노자와 장자』에서는 도가라는 철학 사상을 그 자체로 고유한 의미와 논리를 갖는 것으로 위치지으면서, 두 사상가가 일정 정도 구분되는 개성을 가지며 등장한다. 그리고 '노장사상老莊思想'이라는 말을 통해 도가의 의미를 보다 분명하게 정의하고자 한다.

오늘날 인류는 자연과학적 기술의 발달로 말미암아 편리하고 풍요로운 물질문명을 누리게 되었다. 물질문명의 발달은 기대와 달리 인류에게 행복만을 가져다 주지 않았다. 오히려 물질문명의 발달로 인해 인류는 점점 더 복잡하고 어려운 문제들을 끌어안게 되었다. 〔…〕

장자는 이미 이천삼백여 년 전에 기계 사용의 폐단을 예견하였다. 그에 따르면 기계를 사용하다가 보면 기심機心이 생길 수 있으며, 기심이 생기게 되면 인간이 자기 본성을 잃고 물질에 의존하게 될 수 있다. 노자와 장자는 사람들이 자기의 본성을 잃고 물화物化되어 가는 것을 우려하였다. [······]

노장사상은 물질문명에 파묻혀 가는 현대인들에게 다음과 같은 지혜를 내보인다.

첫째, 노장사상은 사람들에게 물질에 속박당하지 말고 그것을 제어할 수 있는 인생관을 가지라고 말한다. [······] 둘째, 사람들이 사태를 단편적으로 보지 않고 좀더 깊고 넓게 보게 할 수 있다. 사물마다 관점이 같지 않을 수 있다. [······] 셋째, 오늘날 인류는 다원화의 시대를 맞이하고 있다. 획일주의는 이제 설 땅이 없다. 노장에서는 일체 사물들을 그 자체의 성질에 따라 대할 것을 주장한다.

—— 이강수, 『노자와 장자』

여기에서 '기심'은 편리를 추구하는 마음이고, '물화'라는 것은 현대적으로 '사물화'와 유사한 것으로 이해되고 있다. 이는 한국에서 이해된 노장사상의 현대적 의미를 매우 구체적으로 정의한 것이라 말할 수 있다. 이러한 해석은 크게 두 가지 차원에서 그 의미를 갖는다.

첫째, 노장사상은 물질에 속박당하지 말고 그것을 제어할 수 있는 힘을 가지라고 말한다는 의미를 갖게 된다. 본래 장자의 사상에서 긴장 관계를 갖는 것은 자아와 외물外物 사이의 긴장이었다. 여기서 '외물'이란 물질적 재화의 의미를 포함하여 자아를 얽매는 외적 조건 전체를 일컫는 말이었다. 예컨대 명예나 출세와 같은 사회적 욕망을 의미하는 것으로서 인간의 삶이 그에 종속될 때 진정한 자신의 삶이 가능하지 않다는 의미였다.

그런데 현대 물질문명과 자본주의 사회 속에서 자아는 물질이나 소유와 더 긴밀한 긴장 관계를 갖는다. 이강수는 이러한 사회적 조건에서 지녀야 할 태도로서 물질에 속박당하지 않으면서 그것을 제어할 수 있는 인생관을 제시한다. 그것은 노장사상이 줄 수 있는 삶의 방식으로서, 사물화에 저항하는 삶을 뜻하는 것이었다. 이는 매우 실존적이면서 현대적인 문제의식으로 변화된 노장사상을 보여준다.

다른 하나의 측면은 획일주의에 대한 거부와 다원화에 대한 적극적인 포용이다. 그리고 간접적인 방식으로 표현된 것이지만 나름 독재에 대한 비판과 자발성에 대한 강조로 이어진다. 이강수는 무위의 정치를 다음과 같은 방식으로 논의한다.

무위의 정치라고 할 때, 무위는 아무 일도 하지 않는 '불위不爲'와는 다르다. 곽상은 무위와 불위를 다음과 같이 구별하였다. '무위란 팔짱 끼고 가만히 있음을 말하는 것이 아니다. 단지 각기 그 스스로

함에 맡기기만 하면 성명(자연으로부터 부여받은 인성)이 편안할 것이다.' 이로써 알 수 있듯이, 무위는 결코 가만히 앉아서 말도 하지 않고 움직이지도 않는 것이 아니라, 사람들에게 각기 '그 스스로함에 맡기는 것(任其自爲)'이다. 통치자가 백성들에게 무위의 다스림을 행한다는 것은 곧 백성들의 자발성을 최대한 살려 주는 것이다.

— 이강수, 『노자와 장자』

이강수는 이 글에서 상식적으로 통용되는 '무위'의 개념이 아무것도 하지 않는 방관적이고 소극적인 태도를 뜻하는 '불위'와 다르다는 점을 지적한다. 도가의 무위란 통치자의 통치 방식으로서, 그것이 실현될 때 "백성들의 자발성을 최대한 살려 주는" 결과로 나타난다고 말한다. 그리고 그 실질적 의미는 스스로의 행위에 맡기는 것을 뜻한다.

여기서 이강수의 '임기자위任其自爲'란 개인에게는 자율성 혹은 자유를 뜻하고 사회적으로는 독재에 대한 민주를 함축하는 것으로 읽을 수 있다. 70년대 유신체제 속에서 철학하는 삶을 살았던 학자로서 사회와 삶에 대한 고뇌가 노장사상의 해석에 투영되었음을 의미한다. 노장사상이 단지 서구 문명에 대한 비판, 문명의 억압과 작위에 대해 예술적으로 승화된 삶의 가치를 표현하는 데 그치지 않고 개인의 실존적 삶이 필요로 하는 자유와 이러한 개인들이 이루어 내는 민주라는 가치를 우회적으로 표현한 것으로 보인다.

비교적 탈정치적인 성격을 중심으로 하는 20세기 노장사상의 특징에서 볼 때 이강수의 이러한 해석은 나름 진보적인 의미를 갖는다. '무위'와 '불위'의 구분, 즉 소극적 삶의 태도로서가 아니라 적극적인 행위 차원의 의미를 갖는 무위의 개념은 오늘날 개인주의화되고 신비주의화된 무위 개념에 대한 이해에 일정한 반성을 촉구한다. 그리고 이러한 개념을 좀더 명확하게 표현한 사람이 함석헌이다.

자유와 해방의 철학
함석헌의 『장자』 고쳐 읽기

한국에서 『장자』를 읽는 방식은 대체로 종교적이고 신비주의에 가깝다. 종교적이고 신비주의적인 해석은 과학적 세계관과 긴장 관계를 이루게 된다. 하지만 함석헌은 과학적 세계관을 거부하지 않으면서 동시에 민주적인 삶의 원리도 긍정하면서 『장자』에 접근한다. 다석 류영모로부터 씨알 함석헌으로 이어지는 현대 한국의 독특한 도가 해석은 나름 하나의 새로운 전통을 이루면서 현대 노장 이해의 저변을 이루어 왔다.

함석헌은 『장자』의 처음에 등장하는 커다란 물고기 곤이 대붕이 되어 남쪽으로 날아간다는 이야기를 통해 '소요유逍遙遊'의 의미를 그 나름의 톤으로 해석한다.

소요유란, 사람의 마음이 밖에서 오는 여러 가지 구속과 안에서 일어나는 모든 소소한 생각에서 벗어나서, 완전히 자유로운 초월적 정신계에 사는 것을 말하는 것이다. 그래서 그것을 소요逍遙 곧 거닒이라 했고, 유遊 곧 노닒이라 했다. 그러려면 우선 생각의 규모가 커지지 않으면 안 된다. 사람의 생각은 그 감각에 기초를 두는데 감각이란 우리 속에 들어 있는 영성靈性에 비하면, 지극히 제한된 작은 것이다. 거기 잡혀서 깨지 못하고 자고 있는 한은 참자유는 있을 수 없다.

장자의 생각으로 한다면, 사람은 이 육신과 그 감각에 기초를 두는 심리적 제약을 깨치지 못하는 한, 참사람이라 할 수 없다. 그래서 그것을 깨치고 벗어나자는 것이다. 종교에서 말하는 구원, 해탈, 하늘나라, 정토淨土라는 것을 장자는 이 '거닐어 노닌다'는 말로 표시했다. 이것이 『장자』 전체의 대표적인 한 편이다.

— 함석헌, 『씨알의 옛글풀이』

함석헌은 "내가 살아올 수 있던 것은 노장과 대화를 할 수 있었기 때문"이라고까지 말한 바 있는데, 그의 『장자』에 대한 해석은 일종의 영성 회복에 대한 메시지로 읽혀진다. 인간은 감각과 욕망에 사로잡힌 삶에서 벗어나 완전히 자유로운 초월적 경지에서 거닐고 노닐 때 참사람이 되어 살아갈 수 있다. 그는 육신과 감각으로부터 벗어나는 것을 종교적 구원이자 해탈로서 소요유의 경지와 같은 것으로 이해한다. 「노장을 말한다」란 글에서 그는 이를 이렇게 표현한다.

인격은 한 육체 속에만 갇혀 있으면서 한때만 사는 것이 아니다. 무한히 자란다. 이른바 죽었다는 후에도 계속 살고 자라고 있는 것이다. 만일 그것을 믿지 못한다면 예수, 석가, 노자, 장자는 영 알 수 없을 것이다. 바로 그것을 말해 주는 것이 노자요, 장자다. 그렇기 때문에 노자는, '죽어도 없어지지 않는 것이 오래 삶(死而不亡者壽)'이라 했다.

— 함석헌, 『씨알의 옛글풀이』

여기에서 함석헌이 말하는 인격은 한 개체의 개체다움(personality)을 표현하는 개인과는 다른 것이다. 현대인의 개체성을 정의한 프로이드처럼 한 개인이 겪는 개인사에 의해 형성되는 것이 아니다. 또 각각의 개개인이 지닌 욕망이나 감각의 차이에서 비롯되는 개성도 아니다. 인격이란 차라리 역사를 넘어서는 얼과 같은 것으로서, 하나의 육신을 넘어서고 동서 문명의 차이도 넘어서는 것으로서 씨알의 씨알다움에 통하고(70년대부터 유행했던 민중과 유사한 의미로, 함석헌은 억업 받는 평범한 사람들을 씨알이라 불렀다.), 기독교에서 말하는 '영靈'과 통하는 그 무엇이다. 그 '영'은 하느님의 영이고, 나의 영이자, 너와 나의 영이다.

그런데 그 영이 거하는 자리는 매우 포괄적이다. 죽었다가도 자라고 계속 살고 있는 것인데 그것을 믿지 못하면 예수, 석가, 노자, 장자도 알 수 없을 것이라고 말하기 때문이다. 이 인격과 영은 예수, 석가, 노자, 장자를 모두 끌어안을 수 있는 힘을 지니고 있다. 그리고 이러한 영원성을 노자가 했던 "죽어서도 없어지지 않는 것이 오래 사는 것"이라는 말과 연결짓는다. 더 나아가 그가 말하는 인격은 고난을 극복하는 힘의 근원이자 삶 그 자체와 통하는 것이었다.

나는 일제시대에 『구약』의 「이사야」, 「예레미야」를 많이 읽었다. 그 압박 밑에서 낙심이 나려 하다가도 그들의 굳센 믿음과 위대한 사상에 접하면 모든 시름을 잊고 다시 하늘을 향해 일어설 수가 있었다. 그들은 나에게 말을 해주는 산 영靈이었지 결코 죽은 글이 아니었다. 내가 그들을 다 알지 못해도 좋다.

─── 함석헌, 『씨알의 옛글풀이』

함석헌은 이 구절을 통해 고난의 삶을 극복할 수 있는 힘을 그의 신앙과 성경 읽기에서 찾는다. 그의 성경 읽기는 바로 외세로부터의 구원을 주는 것이었고, 신앙은 곧 자유에 대한 갈구이자 독재에 대한 저항 의지를 드러내는 것이었다. 함석헌의 『장자』 읽기 또한 이와 다를 바 없는 행위였다.

마찬가지로 이 몇십 년의 더러운 정치 속에서도 내가 살아올 수 있는 것은 날마다 노자·장자와 대화를 할 수 있었기 때문이다. 내가 만일, '썩 잘함은 물과 같다. 물은 모든 것을 좋게 해주면서도 다투지 않고 누구나 싫어하는 (낮은) 곳에 있으려 한다. 그러므로 거의 도에 가깝다'(『노자 도덕경』 제8장) 하는 노자의 말을 듣지 못했던들 씨알을 잊어버리고 낙심을 했을지도 모른다. 아침 저녁으로 장자를 따라 무용無用의 대수大樹를 아무도 없는 동리나 넓은 광야에 심어 놓고 그 옆을 한가로이 서성이며, 또 누워 잘 줄 몰랐던들(『장자』「소요유」편), 이 약육강식과 물량 퇴폐의 독한 공기 속에서 벌써 질식이 되어 죽었을지도 모른다.

— 함석헌, 『씨알의 옛글풀이』

함석헌에게 『장자』 읽기는 살아 있는 영을 만나기 위해 「이사야」나 「예레미야」와 같은 예언서를 읽는 것과 하등 다를 바 없었다. 그리고 그러한 읽기는 바로 자신이 처한 삶의 역사적 자리, 고난받는 씨알(민중)의 자리라는 사회적 공간에서 이루어진 역사적 행위였다.

함석헌의 『노자』나 『장자』 해석은 대학 강단이나 조용한 서재에서 이루어진 학문적 행위가 아니었다. 1980년대라는 서슬 퍼런 독재의 시대에 감시의 눈이 번뜩이던 그 자리에서, "칼로 흥한 자는 칼로 망한다."고 소리치고, 씨알의 삶을 간섭하지 말라며 '무위無爲'를 외쳤다. 이강수가 '하지 않음(不爲)'이라는 소극적 의미와 구별하면서 '무위'를 다소 적극적으로 해석했다면, 함석헌은 거기에 더해 살아 있는 강력한 독재 권력에 대해 씨알의 삶에 대한 간섭의 중지로서 무위를 정치적 개념으로 전용한 것이다.

함석헌에게서 '무위'는 두 가지 차원의 의미를 획득한다. 하나는 씨알이 씨알의 자리에서 살아가는 것을 간섭하지 말아야 한다는 저항의 의미인데 이때의 '무위'는 자유의 다른 요구를 의미하는 것이라 볼 수 있다. 소요유는 정신적인 삶의 차원을 의미하지만 그것이 가능하기 위해서는 불간섭이라는 자유의 의미를 수반하는 것이다.

또 한편 '스스로 그러한' 자연의 세계는 그대로 내버려 둘 때 온전해진다는 '무위'의 개념이다. 도올 김용옥이 '노자와 21세기'를 강의하면서 틀어 주었던 비틀즈의 노래 'Let it be'는 함석헌으로부터 비롯된다. 『노자』를 해석하면서 함석헌은 하나의 예화를 들어가며 '무위'의 의미를 설명한다.

재미있는 이야기가 있다. 해방 후 우리나라 산에 나무가 없는 것을 걱정해서 어떻게 하면 산림 보호를 잘할 수 있을까 해서 영국에서 그 전문가를 초빙해 왔던 일이 있었다. 아주 나이 많은 노인이었는데 와서 정부의 부탁대로 이곳저곳의 산을 돌아보고는 돌아가면서 마지막에 준 말이 명답이었다.

"제발 건드리지 말라고 해라!(Let them leave it untouched!)"

참말 옳은 말이다. 공연히 조림한다고 해마다 돈 쓰고 사람 고생시키고 하지만 그럴 것 없다. 건드리지만 말아라. 그러면 산림은 저절로 무성해진다. 어리석게 심는다고 떠들지 말고 자연이 심어 주고 길러 주는 것 방해나 하지 말란 말이다.

잘못이 땅에도 하늘에도 있지 않다. 하늘 땅은 나무를 무한으로 길러 내는 힘이 있다. 사람이 아무리 해도 그보다 더할 수 없다. 사람이 자연이 하는 것을 자꾸 망가뜨리기 때문에 나무가 성하지 못하는 것이지, 다른 까닭이 있는 것 아니다. 재주 모자라는 줄로 알 필요 없다. 건드리지만 말라. 묘하고 연한 인간성을 자연대로 두어라!

사람은 다 속에 옳은 일 하고 나라 사랑 하잔 인간성을 지니고 있다. 정치로 만들어지는 것 아니라 하늘이 주어서 가지고 있다. 이른바 정치가 한다는 것은 거기 방해가 될 뿐이다.

— 함석헌, 『씨알의 옛글풀이』

여기서 무위는 앞서 말한 두 가지 의미를 모두 뜻한다. 자연과 인간성은 스스로 드러내는 무궁한 창조적 힘을 지니고 있다. 자연에 대한 간섭을 하지 않아야 자연이 온전해지고, 정치가 씨알에 간섭하지 않아야 인간의 삶은 온전해 질 수 있다. '건드리지 말라(Let it be!)'는 '무위'의 뜻은 당시의 상황에서 보면 씨알의 자유를 위한 독재에 대한 저항의 의지이자, 자연 파괴라는 간섭의 제거 모두를 뜻하는 것이었다. 실상 우리가 알고 있는 '무위' 개념의 가장 명확한 표현은 함석헌에게서 온 것이다.

지금까지 살펴보았듯이 '우리들의 『장자』 읽기'란 『장자』를 읽어 온 시선들에 대한 역사이자, '전통과 고전'을 만들어 내는 과정에 대한 추적이다. 이러한 과정을 되짚어 보면서 『장자』를 읽는 것은

'역사적 해석학'이라 할 수 있다. 그러나 이것이 단순한 의미의 고증과 해석을 의미하는 것은 아니다. 그것은 차라리 실천의 선택, 가치의 새김질이라는 차원에서 바라보아야 할 문제이다. 이러한 해석적 실천을 함석헌은 이렇게 요약한다. "씨알이 씨알 노릇을 잘하기 위해서는 옛글을 고쳐 읽어야 합니다."

20세기 한국의 역사 한복판에서 이루어진 『장자』 읽기가 씨알의 자리에서 읽기였다면, 그것은 루쉰의 '아Q'와는 사뭇 다른 모습의 『장자』라고 할 수 있다. 고전을 읽는다는 것은 함석헌의 말처럼 일종의 '고쳐 읽기'의 행위이며, 그 결과는 그 시대를 관통하는 정신적 삶의 표현일 것이다. 과연 21세기를 살아가는 우리는 『장자』를 어떻게 고쳐 읽어야 하는 것일까? 아마도 그것은 우리 시대 모든 저자와 독자의 고민과 나눔에서 만들어지는 것이 아닐까?

『장자』,
어떻게 읽을 것인가?

어떤 책이든지 거기에 무슨 무슨 철학이라는 '타이틀'이 붙으면 더 안 읽히는 법이다. 어려운 책이라는 생각이 먼저 들기 때문이다. 그런 타이틀이 없으면 누구나 쉽게 달려들어 재미있게 읽을 책이 수없이 많다. 『장자』도 그런 책 가운데 하나다. 『장자』는 철학책이기 이전에 이야기책이고, 재미있는 우화집이다. 예로부터 우리 선비들 또한 그렇게 읽어 왔다.

『장자』가 들려주는 이야기는 다소 황당하기도 하고, 곤혹스럽기도 하고 또 어떤 경우에는 신비스럽기도 하다. 이야기는 그냥 이야기로 읽어야 한다. 처음부터 끝까지 다 읽을 필요도 없다. 손에 잡히는 대로 펼쳐지는 데서부터 읽으면 그만이다. 재미는 그 재미를 느끼는 사람의 몫이기 때문이다. 무엇보다 중요한 것은 삶의 경험으로 읽어 내려는 시선을 놓치지 않는 것이다.

때때로 『장자』에 관한 글이나 책은 커다란 도움이 된다. 하지만 소개하는 글은 글쓴이의 전공과 시각에서 내용을 간추리고, 핵심적인 사상을 정리한 것이지 『장자』의 이야기들을 다 담고 있는 것이 아니다. 오히려 『장자』에 관한 책이나 글은 『장자』 자체에 접근하기 위한 도구나 양념으로 이용하는 것이 중요하다. 복잡한 해석을 요구하는 것처럼 보이는 어려운 말이 배경에 대한 지식을 알면 쉽게 풀리는 경우도 있기 때문이다. 중요한 것은 "장자님! 그게 무슨 이야기인가요?" 하는 친근한 물음을 잃지 않는 것이다. 삶의 고민과 절심함을 갖고 읽을 때 『장자』는 가장 『장자』답게 읽혀질 수 있다.

하지만 그럼에도 『장자』에 관한 다양한 글이나 책을 피하는 것은 어려운 일이다. 왜냐하면 그것은 『장자』가 난해한 철학을 담고 있어서가 아니라 2,000년이 넘는 역사적 거리와 문화적 차이 때문이다. 또한 한문과 한자라는 언어적 장벽 때문에라도 도움을 줄 만한 여러 책들에 의지하는 것은 필수이다. 이런 책들은 『장자』 읽기에 다양한 시각을 제공하는 것은 물론 다르게 읽을 수 있는 힘을 준다.

최근 우리 사회에는 중국의 고대 신화와 종교, 정치와 관련된 다양한 책들이 많이 나와 있다. 이런 책들을 곁들여서 읽다 보면 시간 가는 줄도 모르게 읽을 수 있는 것이 『장자』다. 『장자』에는 고대 중국의 여러 신화와 전설을 패러디한 이야기들이 수없이 많기 때문이다. 신화와 전설을 통해 『장자』를 보면, 장자가 들려주는 '우화'가 어떤 의도를 갖고 있는 것인지가 종종 더 잘 드러나는 경우가 많다.

어떤 사람들은『장자』를 제왕의 통치술을 다룬 정치 수련서로 보기도 한다. 옛 중국인들은 정치적 조언을 하거나 비판을 할 때 은유와 수사를 장황하게 사용하여 논의하는 것이 상식이었기 때문이다. 그래서인지『장자』는 전통적으로 정치판에서 소외당한 사람들의 친근한 벗이었다. 스스로를 대붕으로 치켜세우고 뭇사람들을 매미와 비둘기로 놓고 생각해 보면 고소를 금치 못하였을 테니 말이다.

또 어떤 사람들은『장자』를 고도의 처세술을 담은 지침서로 여기기도 한다. 사실『장자』에는 그런 면이 상당히 많다. 아마도 이런 측면은 다양한 자기계발서나 지혜서 책들에서 수없이 단편적으로 활용하는 읽기 방식에 속할 것이다. 이는 문학적으로 가공되어 훨씬 다양한 방식의 읽을거리를 낳고 있기도 하다.

현대의 학계에서『장자』는 주로 세 가지 측면에서 연구되고 있다. 하나는 고대 신화와 종교 사상을 재구성하는 중요한 문헌 자료로서의 역할이고, 다른 한 가지는 철학적 저술로서, 도가의 핵심 문헌으로서 연구된다.『장자』에는 인식론이나 형이상학, 존재론, 정치 철학 등과 관련된 개념과 용어가 풍부하게 산재해 있기 때문이다.

더구나 최근 중국에서 도가와 관련된 고대 문서들이 속속 발굴됨에 따라『장자』연구는『노자』와 더불어 더욱 관심의 초점으로 떠오르고 있다. 다른 한편 도덕적이고 권위주의적인 유가 문헌과는 달리『장자』는 개인의 가치와 고유성을 긍정하는 사상적 요소로 인

•••
장자와 나비.

하여 현대의 학자들에게 각광받는 연구 대상이기도 하다. 하물며 어떤 외국 학자는 『장자』를 최초의 사이버 철학자에 비견했다는 이 야기도 있다.

마지막으로 고대 중국 이후의 문학과 예술, 도교 이론 등을 연구 하고자 하는 사람에게 『장자』는 반드시 거쳐야만 하는 필독서이기 도 하다. 『장자』에 나타나는 갖가지 관점과 사상은 중국 문화의 또 하나의 축을 이루기에 충분한 포용력과 다양성을 지니고 있기 때문 이다.

일반적인 독자라면 이런 다양한 배경들은 독서의 재미를 증가시 키는 요소가 될 것이지 재미의 근원은 아니다. 삶을 통해 『장자』와 마주하며 스스로 이렇게 저렇게 궁리하고 생각하면서, 학자들의 해석이나 생각과 견주면서 읽어 나가는 것도 하나의 방법이 될 수 있다. 중요한 것은 자신의 삶과 자신의 생각을 놓치지 않고 솔직하게 읽는 것이다. 그러다 보면 『장자』의 세계 안으로 들어가 나비도 되고, 천지의 광활한 공간에서 춤사위를 펼치는 재미를 느낄 수도 있지 않을까?

참고 문헌

곽말약, 김승일 옮김, 『역사소품』, 범우사, 1994.

김갑수, 『장자와 문명』, 논형, 2004.

김경탁, 『중국철학사상사』(초판), 경문사, 1955.

로버트 앨린슨, 김경희 옮김, 『장자: 영혼의 변화를 위한 철학』, 그린비, 2004.

루쉰, 전형준 옮김, 『아Q정전』, 창작과비평사, 1996.

리 쩌허우, 정병석 옮김, 『중국고대사상론』, 한길사, 2005.

리우 샤오간, 최진석 옮김, 『장자철학』(개정판), 소나무, 1998.

사마천, 김원중 옮김, 『사기 열전』, 민음사, 2011.

안병주·전호근·김형석 공역, 『역주 장자 1·2·3·4』, 전통문화연구회, 1:2001,
    2:2004, 3:2005, 4:2006.

오강남, 『장자』, 현암사, 1999.

왕보, 김갑수 옮김, 『장자를 읽다—신선의 껍데기를 벗어던진 인간 장자의 재발
    견』, 바다출판사, 2007.

왕보, 김갑수 옮김, 『장자철학』, 바다출판사, 2007.

이강수, 『노자와 장자』, 길, 1997.

이강수, 『道家思想의 硏究』(3판), 고려대학교출판부, 1989.

정길수 편역, 『길 위의 노래_김시습 선집』, 돌베개, 2006.

정재서, 『한국도교의 기원과 역사』, 이화여자대학교출판부, 2006.

조민환, 『유학자들이 보는 노장 철학』, 예문서원, 1996.

차주환, 『韓國道敎思想硏究』, 서울대학교출판부, 1978.

풍우란, 박성규 옮김, 『중국철학사 상·하』, 까치, 1999.

함석헌, 『씨알의 옛글풀이』, 한길사, 1988.

關　鋒, 「莊子哲學批判」, 『莊子哲學討論集』, 中華書局, 1962.

＿＿＿, 「莊子外雜篇初探」, 『莊子哲學討論集』, 中華書局, 1962.

郭慶藩, 『莊子集釋』, 中華書局, 1980.

司馬遷, 『史記』, 中華書局, 1959.

崔大華, 『莊學硏究』, 人民出版社, 1992.

Graham, A. C., Chuang-Tzu: The Inner Chapters, Hackett Publishing
　　　Company, Inc., 2001.

장자 관련 연표

시대 구분		주요 사건	『장자』 관련 사항
신화 시대		유가가 신봉하는 요순의 황금시대	황제黃帝의 등장부터 점점 난세가 된다고 파악
하夏 - 은殷			
주周 기원전 1070	춘추春秋 기원전 771-249	기원전 552-497 공자	
	전국戰國 기원전 403-221	기원전 372?-479? 맹자 기원전 298?-238? 순자 기원전 280?-233 한비자	장자 기원전 369?-286? 기원전 300 전후 「내편內篇」 성립 전국 후기 장자 학파의 다양한 문헌들 성립
진秦 기원전 221-207			기원전 209-202 양주파 「양왕」, 「도척」, 「어부」 등 성립
한漢 기원전 202 -기원후 220	전한前漢 기원전 202 -기원후 8	기원전 138 회남왕淮南王 유안 『회남자』 완성	기원전 205 전후 원시파 「변무」, 「마제」, 「거협」 등 성립 한초漢初 종합파 「천도」, 「천하」 등 성립 기원전 109-91 사이 사마천 『사기』 「장자열전」
	후한後漢 기원후 25-220		기원후 81 반고班固 《한서예문지》에 『장자』 52편본 언급

위진남북조 魏晉南北朝 220-581		252?-312? 진쯤 곽상郭象의 『장자주莊子注』
수당隨唐 581-907		김인문(金仁問, 629-694), 『三國史記』에서『노자』와『장 자』를 두루 읽었다는 기록 전함
송宋 960-1271	주희朱熹 1130-1200	임희일林希逸 ?-? 1235년 진사進士, 『장자권재구의莊 子鬳齋口義』
원元 1271-1368		
명明 1368-1644	왕양명王陽明 1472-1528	1425(세종7) 임희일의 『장 자권재구의』 최초 간행
청淸 1636-1912		1680 박세당,『남화경주해산 보南華經註解删補』 1716 한원진, 『장자변해莊 子辨解』 1891 James Legge,『도교 경전Texts of Taoism』에서 『장자』 영역본 발간
20세기 이후	1919 후스(胡適), 최초의 『중 국철학사대강中國哲學史大綱』 간행 1934 펑유란,『중국철학사中 國哲學史』 간행	1921 루쉰, 「아Q정전」 1936 루쉰,『고사신편故事新 編』 1936 궈모뤄,『역사소품歷史 小品』 1973 안동림, 최초 완역본 『장자』 출간 1988 함석헌, 『씨알의 옛글 풀이』 발행

나의 고전 읽기 22

무하유지향에서 들려오는 메아리 장자

ⓒ 김시천 2015

2015년 3월 20일 초판 1쇄 인쇄
2015년 4월 5일 초판 1쇄 발행

글쓴이 김시천
기획진행 홍창의

발행인 김영진
본부장 조은희
사업실장 김경수
편집장 김혜선
편집 관리 위귀영
그림 김태권
포맷 디자인 안지미
디자인 팀장 신유리
디자인 최진아
영업팀장 이주형
영업 김위용, 황영아, 최병화, 정원식, 한정도, 이찬욱, 김동명, 전현주, 정슬기, 이강원, 강신구
펴낸곳 (주)미래엔 서울특별시 서초구 신반포로 321
전화 (미래엔 고객센터) 1800-8890, (팩스) 541-8243
등록 1950년 11월 1일 제16-67호
홈페이지 www.i-seum.com
978-89-378-8731-4 44150
978-89-378-4141-5 44080(세트)

*이 도서의 국립중앙도서관 출판시도서목록(CIP)은 e-CIP홈페이지(http://www.nl.go.kr/ecip)에서 이용하실 수 있습니다. (CIP제어번호 : CIP2015008166)